Copyright© 2021 by Literare Books International
Todos os direitos desta edição são reservados à Literare Books International.

Presidente:
Mauricio Sita

Vice-presidente:
Alessandra Ksenhuck

Capa:
Victor Prado

Diagramação e projeto gráfico:
Gabriel Uchima

Revisão:
Rodrigo Rainho

Diretora de projetos:
Gleide Santos

Diretora executiva:
Julyana Rosa

Diretor de marketing:
Horacio Corral

Relacionamento com o cliente:
Claudia Pires

Impressão:
Impressul

Dados Internacionais de Catalogação na Publicação (CIP)
(eDOC BRASIL, Belo Horizonte/MG)

S623f   Sita, Alexandre.
       Franqueado feliz vende bem / Alexandre Sita. – São Paulo, SP:
      Literare Books International, 2021.
        14 x 21 cm

        ISBN 978-65-5922-060-1

        1. Literatura de não-ficção. 2. Franquias (Comércio varejista).
    3. Vendas. I. Título.

                                                                                  CDD 658.8708

Elaborado por Maurício Amormino Júnior – CRB6/2422

Literare Books International
Rua Antônio Augusto Covello, 472 – Vila Mariana – São Paulo, SP.
CEP 01550-060
www.literarebooks.com.br
literare@literarebooks.com.br
+55 (0**11) 2659-0968

AGRADECIMENTOS

Eu gostaria inicialmente de agradecer a minha equipe por acreditar neste projeto. Sem consultores competentes e comprometidos em salvar vidas de empresários através do aumento de vendas, este trabalho não existiria. Afinal, sempre dizemos que uma empresa com dinheiro em caixa resolve qualquer problema, diferentemente de uma empresa muito organizada sem faturamento. Em seguida, eu gostaria de agradecer à minha esposa Jeane, que sempre me encorajou a formalizar nosso método, contribuiu com *insights* valiosos e, mais do que isso, até hoje me atura falando alto e empolgado, preenchendo todos os cômodos da casa com orientações entusiasmadas sobre vendas e desenvolvimento humano. Obrigado às minhas filhas Giovanna e Ana Clara, que ficaram mudas e invisíveis durante reuniões *on-line* para não me atrapalhar. Muito obrigado à minha parceira Melissa Yokoyama, que hoje é nossa gerente operacional e que, junto comigo, foi explorando e se aprofundando no desenvolvimento desse método que hoje é reconhecido, aclamado, que trouxe e traz resultados consistentes às vendas para muitos franqueados no Brasil, que só têm crescido. Muito obrigado ao melhor pai que um filho poderia ter, Maurício Sita, que me estimulou a escrever este livro. Muito obrigado ao meu irmão Fernando Sita, que é o melhor vendedor que eu conheço e teve grande influência na minha carreira. E à minha mãe, que sempre me ensinou a encarar a vida com beleza, alegria e muita raça. E à minha irmã, que me ensina a terminar tudo o que se começa. Muito obrigado também aos nossos clientes, que apostaram em suas reputações e na nossa ao nos contratar e nos referenciar para suas redes. Entendemos que muitos deles são extremamente competentes na oferta de suporte para suas redes com ótimos modelos de negócio, mas viram na Proselling um *personal trainer* de vendas que ajuda os franqueados a terem mais foco e precisão nas ações comerciais preconizadas pela franqueadora. A confiança e contribuição com o nosso trabalho são tão importantes em nossa história, que eu faço questão de citar a empresa e o nome de cada um em ordem totalmente aleatória: obrigado ao Julio Segala e ao João Daniel, do Kumon, ao Artur Hipólito, à Renata Bozza e Lara Rossete, do Grupo Zaiom, ao Aluizio de Freitas e à Sarah Amaro, da Sigbol, ao Ricardo Leal e ao Paulex, da Influx, ao Peixoto Accyoli e Leonardo Guerra, da Remax, ao Reinaldo Varela, Eduardo Ferreira e Bruno de Souza, do Divino Fogão, ao Elidio Biazini, da Didio Pizza, à Andrea Leone, da Agaxtur, ao Renato Ticoulat, da JanPro, à

ALEXANDRE SITA

Nadia Benitez, da Ginástica do Cérebro, ao Paulo Atencia e Marcia Ximenez, da Flyworld, ao Rodrigo Albuquerque, da Petland, ao Rodrigo Abreu e Michel Ilyan, da Alphagraphics, ao Edson Ramuth, da Emagrecentro, ao Rodrigo Santos, da Happy Code, ao Rubens Oliva, da Guia-se, ao Paulo e Deiverson, do Sterna Café, e ao Gean Chu, da Los Paleteros. Sem bons clientes e grandes marcas, nossa empresa jamais teria sido desafiada a uma melhoria contínua. Obrigado especial à Ediselma, da RE/MAX, à Claudia, do Kumon, à Lucia e Itsue Kobata, do Kumon, ao Bruno, do Divino Fogão, ao Billy, da Unispark[1], e ao Julio Segala, do Kumon, pela colaboração nos casos de sucesso e depoimentos. E obrigado a Deus, que nunca desiste de mim, mesmo nas horas em que esqueço da sua importância na minha vida.

---

1 Por falta de autorização da Universidade, criamos um nome fictício para não expor o franqueado ou a marca original.

PREFÁCIO

Em seu livro, Alexandre Sita coloca a serviço do leitor toda sua experiência como um consultor, profissional especialista em vendas e com foco no *Franchising*. Sita também nos revela os segredos do seu "MACPRO" - Método de Aceleração Comercial Prosseling, empresa que é fruto da sua veia empreendedora.

Na Associação Brasileira de Franchising (ABF), como instrutor dos cursos da entidade, Sita já demonstrava desde o início sua perspicácia e seu apurado conhecimento para que as redes de franquias expandissem de modo estruturado e sustentável.

De forma inteligente, em sua obra inaugural Sita nos leva a percorrer os caminhos que levam à felicidade de um franqueado por alcançar as metas almejadas. Nos *cases*, os relatos mostram dilemas, desafios e, o que é melhor, o prazer em constatar que as soluções teóricas colocadas em prática refletem o que é ser feliz em vendas.

Como um mentor e vendedor por excelência, Sita dedica-se a orientar seus clientes, mergulhando fundo nas questões que os envolvem e estabelecendo uma empatia que transcende o relacionamento entre consultor e cliente.

As frases com a assinatura da Prosseling no início de cada capítulo nos dão referências sobre os ensinamentos e *insights* que virão. Além dos diálogos leves e envolventes, o livro tem preciosas contribuições em cases de representantes de importantes marcas do *Franchising* Brasileiro: Divino Fogão, Kumon e RE/MAX.

Em resumo, Sita reforça o quão fundamental é colocar em prática a velha máxima de ensinar a pescar em vez de dar o peixe. E isso Sita sabe fazer muito bem. Basta ler *Franqueado feliz vende bem*. Aproveite!

André Friedheim,
Presidente da ABF – Associação Brasileira de Franchising.

SUMÁRIO

Capítulo 1 - RE/MAX

EDISELMA - PARTE 1:
CUIDE DAS PESSOAS ANTES DE CUIDAR DE VENDAS!.. 13
SOBRE O CASE EDISELMA.. 17
EDISELMA - PARTE 2.. 27

Capítulo 2 - Proselling

QUEM SOU EU? ALEXANDRE SITA!.. 35
O QUE É O MACPRO?.. 41
A PROSELLING E A CULTURA ORGANIZACIONAL... 49

Capítulo 3 - Kumon

DEPOIMENTO - JÚLIO... 55
DEPOIMENTO - CLÁUDIA... 67
DEPOIMENTO - LUCIA.. 73

Capítulo 4 - Divino Fogão

DEPOIMENTO - BRUNO 81

Capítulo 5 - Unispark

BILLY - PARTE 1:
NÃO VAMOS BATER A META! 91

BILLY - PARTE 2:
COMO TUDO COMEÇOU 107

BILLY - PARTE 3:
A PRIMEIRA REUNIÃO 115

BILLY - PARTE 4:
A SEGUNDA REUNIÃO 125

BILLY - PARTE 5:
REUNIÕES INDIVIDUAIS E A TERCEIRA REUNIÃO 135

BILLY - PARTE 6:
CONTAGEM REGRESSIVA: 8 DIAS 147

Capítulo 1

RE/MAX

"CUIDE DA PESSOA FÍSICA PRIMEIRO, PARA QUE ELA CONSIGA CUIDAR DA PESSOA JURÍDICA."
PROSELLING

1 EDISELMA - PARTE 1: CUIDE DAS PESSOAS ANTES DE CUIDAR DE VENDAS!

O celular vibra pela quinta vez seguida. "Ai, meu Deus, a boca cheia de frango, a mesa linda, cheia de coisas e eu engolindo o jantar quase sem sentir o gosto, o embrulho no estômago, essa ansiedade que não passa. O WhatsApp não para. Ele vai reclamar. Olha a cara de bravo. Já era o jantar romântico. O celular vibra de novo. Vai, solte logo esse garfo e faca, Ediselma, e responda." Eu pego o celular correndo. Ele bufa, batendo o garfo no prato.

[20:36] Fernando: Como eu faço para falar para o cliente que preciso tirar fotos da casa dele para vender o imóvel?

[20:36] Ediselma: Diga assim, caro cliente, para efetuar a venda de seu imóvel, solicito sua liberação para tirar fotografias exclusivas e profissionais de seu apartamento.

[20:37] João: Oi, Ediselma, qual o prazo de venda daquele imóvel que você falou hoje à tarde?

[20:37] Ediselma: Temos três meses.

[20:38] Fernando: E o horário?

"Ai, socorro..."

[20:38] Ediselma: Combine com o cliente.

[20:38] Zé: Boa noite, Ediselma. Em que horário eu posso levar o cliente à casa do Jardim Ferrari amanhã cedo?

[20:39] Ediselma: Oi Zé, você tem que combinar com o proprietário primeiro e depois avisar o cliente.

[20:39] Marcos: Ediselma, minha filha ficou doente e eu vou ter que chegar mais tarde amanhã, porque vou ao hospital com ela primeiro.

[20:40] Ediselma: Tudo bem, Marcos. Melhoras para sua menina.

[20:41] Fernando: Obrigado, Ediselma.

[20:41] Ediselma: De nada, Fernando. Boa noite.

[20:42] João: E se eu vender antes?

"Ai, minha Nossa Senhora..."

[20:43] Ediselma: Então, ponto para você, João. Boa noite.

Eu largo o celular na mesa, correndo, como se fosse algo sem importância.

"Será que cola? Até parece."

Olha a cara do meu marido lindo, injuriado, nem olha para mim. Vou fingir que não percebi.

— Então, amor, me fale, o que você quer fazer amanhã?

Ele não me olha, continua comendo e olhando para baixo, com cara de p da vida.

— O que você acha de a gente pegar um cinema, amor?
Ele finalmente para de comer, com os punhos imóveis sobre a mesa, olha para mim com os olhos cerrados e em posição de quem vai partir para um ataque, segurando o garfo e a faca em riste.

— E você vai levar esse seu celular ao cinema também, Ediselma?

— Amor...

— Amor, nada. A gente não combinou que ia jantar só nós dois hoje?

— Mas nós estamos jantando só nós dois, amor.

— Ediselma, você não larga esse seu celular um instante.

— Mas eu tenho que responder aos meus corretores.

— O dia inteiro, Ediselma? O dia inteiro? À noite? No fim de semana? No carro? Na cama? Até parece que você tem um amante. Outro dia você estava respondendo mensagem à meia-noite, Ediselma.

— Amor...

Ele respira fundo e olha para mim.

Silêncio.

O celular vibra outra vez.

"Não..."

Ele me encara, para ver a minha reação. Eu fico imóvel.

O celular vibra de novo.

"Caramba..."

A gente continua se encarando. Eu mal respiro, não movo sequer os olhos.

"O que eu faço, o que eu faço, meu Deus do céu?"

O celular toca.

"Quem é agora? Justo agora?"

— Vai, Ediselma, atenda um dos seus trinta filhos.

Ele arrasta a cadeira com força e se levanta, saindo da sala.

"Como é que eu vou arrumar a minha vida, meu Deus?"

Eu respiro fundo. Olho o meu marido já bem longe, fechando a porta do escritório com força.

"Não tem jeito. Eu não sei como mudar essa situação. Eu não sei. Só sei que eu preciso de ajuda".

Eu olho o celular chamando insistentemente.

"Vai, Ediselma, respira, conte até dez. 1, 2, 3..."

— Alô...

② SOBRE O CASE EDISELMA

Quando eu tive a primeira reunião com a Ediselma, eu pude perceber claramente o jeito mãezona dela, queria abraçar, cuidar e dar atenção total aos seus corretores. Poucos empreendedores se preocupam tanto em responder a seus funcionários como Ediselma. Mas tudo que é excesso significa um problema. A medida certa de qualquer coisa, característica ou comportamento é o equilíbrio. Nada a mais, nem a menos.

Além dessa característica pessoal da Ediselma, ela ainda trabalhava com uma marca frenética, líder no seu segmento e que exige um acompanhamento próximo em vários momentos da semana. Tempo, problema ou solução?

Na videoconferência, falamos um pouco sobre como está o clima em São Paulo e ela me explica sobre o tempo seco em Brasília.

— Ediselma, me diga, por favor... está feliz com a sua franquia?

— Eu preciso de ajuda, Alexandre!

— Em que especificamente?

A Ediselma sorri e parece ficar vermelha, feito criança.
— Você não vai acreditar, Alexandre.
— Eu acredito em qualquer coisa, me teste.

Ela respira e fica em silêncio uns dois segundos. Ela ri. O que mostra sua abertura e humildade em pedir ajuda. Percebo que antes de falar vendas há algo na pessoa física que está atrapalhando a jurídica.

"Vamos lá!"

— Ediselma, me fala primeiro, quem é a Ediselma? Conte-me um pouco sobre você.

— Bom, eu sou Ediselma Souza, 33 anos, administradora, esposa, *broker* da RE/MAX Immobili, apaixonada pelo que faço e obstinada por resultado.

— Ótimo! Você já encontrou o seu propósito de vida. Parabéns!

Ela ri de orelha a orelha. Esse início de conversa é importante para conhecer e sentir o cliente, eu também sorrio e lentamente vamos entrando em *rapport*[1]. Meu primeiro desafio antes de falar de problemas e soluções será identificar o motivo pelo qual ela investiu em uma franquia do setor imobiliário.

— Qual é o seu sonho, Ediselma, para a sua empresa?

---

1 *Rapport* é uma palavra de origem francesa (*rapporter*), que significa "criar uma relação". O conceito de *rapport* é originário da psicologia, utilizado para designar a técnica de criar uma ligação de empatia com outra pessoa, para que se comunique com menos resistência.

— Eu quero crescer muito, ter resultados, faturar dez vezes mais do que eu faturo hoje, Alexandre!

— Excelente! Você sabe bem o que quer, Ediselma. Então, é para lá que vamos caminhar juntos.

Perguntei sobre o seu faturamento atual e repeti em voz alta esse objetivo com um zero a mais. Ela fez que sim com a cabeça e continuei montando o cenário atual. Fiz umas 20 perguntas com vários indicadores de *performance*, envolvendo corretores e imóveis, correlacionando essa base com Pareto[2], Curvas ABC[3] e Análises de Impacto[4].

Agora abra o sistema e me mostre o trabalho de um corretor médio da sua unidade.

Em nosso método, temos um roteiro de perguntas que, além de nos trazer clareza sobre quais caminhos poderemos seguir, coloca o cliente para analisar e pensar sobre números que ele não está acostumado a acompanhar e são estratégicos para a definição "do que" precisa ser feito primeiro.

— O que você acha desses números, Ediselma?

---

2 O Princípio de Pareto, ou regra 80/20, é uma tendência que prevê que 80% dos efeitos surgem a partir de apenas 20% das causas, podendo ser aplicado em várias outras relações de causa e efeito.

3 A Curva ABC é um método de classificação que permite a ordenação das informações quanto ao grau de importância.

4 Análise de Impacto é a identificação de prioridades baseadas nos impactos que elas terão no resultado final esperado.

Ela toma um gole de uma garrafinha de água que está ao seu lado e se reposiciona na cadeira.

— Você está satisfeita com a RE/MAX, o seu franqueador?

— Sim... muito.

— Fale um pouco sobre a RE/MAX, o que faz você gostar dela, Ediselma?

— A gente, a Immobili DOC, surgiu com o propósito de oferecer serviços diferenciados aos seus clientes, por trabalhar apenas com imóveis de origem controlada e de qualidade reconhecida.

— O que significa DOC, Ediselma?

— Ah, sim, a sigla DOC foi extraída do glossário vinícola, que representa que o vinho é originário de uma determinada região.

— Então, você é o DOC Brasília. E o que mais, Ediselma?

— Com o objetivo de tornar mais profissional a gestão da imobiliária, que antes era autônoma, encontramos a RE/MAX, o modelo mais eficiente para o crescimento e perpetuação da empresa. E assim nasceu a RE/MAX Immobili!

— RE/MAX Immobili é a sua franquia?

— Exatamente, Alexandre!

— E o que mais fez você optar pela RE/MAX e se sentir bem trabalhando com eles hoje? Valores?

— Alexandre, você tocou num ponto muito importante. A RE/MAX trabalha com foco em pessoas, tanto nos seus parceiros quanto nos seus clientes. Então, temos vários treinamentos que nos ajudam a atender os nossos clientes de uma forma única.

— Você parece mesmo satisfeita com seu franqueador, Ediselma.

— Sim. A missão da RE/MAX é "atingir nossos objetivos ajudando as outras pessoas a atingir os delas".

— Sensacional, Ediselma.

— A visão é "ser líder absoluta no segmento de transações imobiliárias no Brasil, sendo considerada a empresa mais ética do mercado imobiliário nacional e o sistema de franquias mais rentável do país".

— Uau! Você realmente deve sentir orgulho de fazer parte dessa franquia. Quais são os valores, Ediselma, você sabe?

— Sim: ética, parceria, foco, resiliência, aprendizado, comprometimento e excelência.

— Agora que sabemos aonde você quer chegar, conhecemos os números da sua operação e sabemos que você está alinhada ao seu propósito de vida, me diga, sem rodeios, onde é que o "bicho tá pegando"?

Ediselma dá uma risada alta e aberta.

— Então, Alexandre, eu acho que eu preciso aprender a gerir meu tempo. Eu não consigo trabalhar para aumentar os meus resultados, porque estou sempre ocupada no operacional.

— Você sente que está sem tempo e sobrecarregada? De que forma você sente isso no dia a dia?

— Meu telefone, Alexandre, não para. É o dia inteiro.
— Ótimo!
— Ótimo?
— Sim, já sabemos por onde vamos começar!
— Ah...
— Fale mais sobre a sua sensação de tempo, Ediselma, por favor.
— Eu tenho a sensação de que eu estou sempre apagando incêndio, Alexandre.
— E esse incêndio vem em forma de quê?
— Os corretores me fazem perguntas o dia inteiro.
— Que tipo de perguntas, Ediselma?
— Tudo, Alexandre, tudo.
— Mas como assim tudo, Ediselma? Que problemas eles têm?
— Eles ficam me perguntando o passo a passo, o que tem que fazer, que horas, que dia, quando, como, onde...
— Mas, Ediselma, eles não passaram por um treinamento, eles não têm condições de fazer sozinhos o que tem de ser feito?

Ediselma olha para o lado e permanece imóvel por alguns instantes.

— Eu não sei, Alexandre, eles são treinados, mas fazem perguntas básicas sempre, como se tivessem que me mostrar que estão trabalhando.

— Sei.

Ediselma se aproxima da câmera e fala mais baixo, como se fosse um segredo.

— E tem outra coisa, Alexandre.

— O quê?

— No fundo, eu acho que gosto disso. Eu me sinto útil atendendo todos. Sinto que, se eles gostarem de mim, vão gostar da empresa por se sentirem acolhidos.

— É, faz sentido.

— Eu não tenho como captar mais corretores se eu tiver pessoas descontentes aqui dentro.

Eu balanço a cabeça.

— Eu compreendo, Ediselma, mas, mesmo assim, eles precisam desenvolver autonomia. Quando você ajuda demais, acaba tirando isso deles e os deixando dependentes de você.

— Será?

Eu me reposiciono na cadeira e encaro a Ediselma por alguns segundos.

— Ediselma, pensa comigo.

— Hum.

— E se você não responder aos seus corretores, o que será que acontece?

Ediselma ri.

— Eu não sei, Alexandre.

— Então, este será o seu primeiro plano de ação.

— Como assim, Alexandre?

— Eu gostaria que você pensasse nos próximos dias em como se organizar para que consiga dar suporte para a sua equipe dentro da sua agenda e não na agenda dela.

— Ai, meu Deus... eu vou tentar.

— E, além disso...

Eu faço uma pausa para que ela preste bastante atenção. Nos olhamos um segundo.

— Ediselma.

— Sim, Alexandre.

— Você prefere ensiná-los a pescar ou quer passar o resto da vida dando o peixe?

— Traga para mim na semana que vem, por escrito, que atitudes você tomou para se tornar a dona da sua agenda, em vez de refém da agenda dos outros.

Ediselma ri nervosamente e abaixa a cabeça.

— Não se esqueça de que teremos reunião com todos os seus corretores semanalmente e trabalharemos esse ponto com eles também.

— Fechou, Alê!

"Alê. Ótimo!"

— Um abraço, Ediselma!

Desligo a videoconferência e vou para o *software* Proselling, para registrar os dados e percepções da primeira reunião, lanço todos os indicadores, detalho o plano de ação e envio para que se lembre com detalhes sobre o que falamos e a respeito do plano de ação.

"Gostei dela, parece que tem potencial, mas só terei certeza quando ela me mostrar eficiência na execução."

③ EDISELMA - PARTE 2

Eu estou aguardando a segunda videoconferência com a Ediselma, mas ela está atrasada e eu começo a me preocupar, se o atraso tem a ver com as mensagens intermináveis de seus corretores em seu WhatsApp.

Tomo uma xícara de café. Vejo as minhas mensagens e olho no relógio.

"Ediselma, Ediselma, onde está você?"

Não me incomoda o pequeno atraso, me esvazio de prejulgamentos e me preparo para a avaliação dos fatos.

"Opa. Ela chegou!"

— Oi, Alexandre! Tudo bem? Desculpe o atraso.

— Tudo bem, Ediselma, desde que não seja por ter ficado no WhatsApp respondendo a seus corretores, tudo bem.

Ediselma ri, de orelha a orelha, e junta as mãos como se fosse bater palmas.

— Alexandre do céu... aconteceram coisas incríveis, como você sabia?

Agora eu penso que o meu sorriso foi de uma orelha a outra.

— Sério, Ediselma? Conte o que aconteceu.

— Então... eu fiz o que você mandou.

— Mandei não, combinamos...

Ediselma ri e faz os gestos com as mãos novamente.

— Alê, no início eu achei difícil e fiquei me sentindo uma pessoa má.

Eu soltei uma risada.

— Mas eu resisti e só fui respondendo apenas às mensagens que considerei urgentes.

— E o que aconteceu?

Ediselma sorri e estica a coluna, expandindo na tela.

— As pessoas começaram a resolver seus próprios problemas sozinhas.

— Viva!

— Até meu marido percebeu.

— Seu marido ficou feliz, então?

— Muito, Alexandre. Acho que a Proselling salvou meu casamento.

Rimos juntos por alguns segundos.

Tomei meio copo d'água que estava ao meu lado, para conter a emoção que senti junto à satisfação da minha mais nova cliente.

— Estou feliz com o seu resultado, Ediselma, mas me conta, o que isso mudou para você no seu dia a dia?

— Nossa, Alê. Eu resolvi uma séria de pendências, sem me deixar ser interrompida. Desativei a vibração das mensagens no meu celular e escolhi olhar em horários predeterminados.

Eu fiquei mais calma. Eu acho que antes eu ficava constantemente na expectativa do celular vibrar e me chamar, eu vivia nervosa e acabava cometendo erros também.

— Uma atitude de coragem, hein?

— Sim, no começo deu crise de abstinência, mas percebi que ninguém morre se eu não responder na hora. Eles acabam buscando a solução em outro lugar ou decidindo sozinhos.

— Parabéns pela atitude. Não é fácil mudar. Você se propôs e conseguiu.

— Já vou ficar viciada em ter reuniões com você.

Gargalhamos juntos!

— Sério, mudou completamente o meu dia a dia, tanto na imobiliária quanto em casa. Em uma semana!

Ela ri e faz sinal de negação com a cabeça. Acho que está inconformada com a facilidade com que resolveu um problema, que estava afetando vários aspectos da sua vida.

"Como fazer as perguntas certas pode transformar alguém."

— Você sabe qual será o nosso próximo passo, Ediselma?

Ela fica ereta na cadeira e se mostra surpresa.

— Não! Qual é?!

— A reunião com os seus corretores.

— Ah, é verdade...

— Então, essa reunião será feita por um de nossos consultores, o Valber, e a reunião se chama "Desenvolvendo Leões", sabe por quê?

— Não...

Ela relaxa na cadeira e permanece atenta às minhas palavras.

— Nesta reunião, Ediselma, iremos implantar um processo de meritocracia entre os seus corretores, onde quem faz mais será reconhecido publicamente.

— Mas e quem não bater a meta, Alexandre?

— Ficará nas sombras, sendo desafiado por quem bateu a meta e está sob os holofotes. O processo de meritocracia impacta as pessoas de dentro para fora. Temos dezenas de casos de superação!

— Tenho medo de causar competitividade demais, brigas...

— Não, Ediselma, não se preocupe com isso, não é o que ocorre normalmente, mas uma busca de melhoria de si mesmo. Motivamos cada um a ser melhor do que foi ontem, não mais do que os colegas, mas mais do que pode ser.

— Entendi, Alexandre. Vocês usam *coaching*, né?

— É uma das ferramentas, nosso método inclui *coaching*, técnicas de Vendas Consultivas e transacionais, inteligência comercial, gestão de indicadores de *performance*, plano de carreira.... Estamos o tempo todo trabalhando para desenvolver pessoas e processos comerciais em nossos clientes e colaboradores.

— Eu posso participar da reunião, Alexandre?

— Deve!

Ela ri.

— Ah, que ótimo, assim eu aprendo também.

— É ótimo que você esteja aberta a aprender, Ediselma, você vai descobrir que há outras maneiras mais efetivas de apoiar seus corretores do que responder às perguntas deles no WhatsApp.

Ediselma ri novamente.

— Sim, eu já percebi isso.

Plano de ação verificado, decidimos sobre o próximo desafio, como aumentar a captação de imóveis através da gestão do funil de vendas.

Eu suspiro e percebo que estamos finalizando a reunião.

— E então o seu marido ficou mais feliz com você, Ediselma?

Ela ri e fica levemente ruborizada.

— Sim.

Ela responde longamente.

— Ele até me deu um presente, Alexandre.

Agora foi a minha vez de rir.

— Você está falando sério, Ediselma? O que você ganhou?

— Uma caixa de bombons e flores.

— Você está brincando, Ediselma?

Ela continua rindo.

— Pior que não, Alexandre, é verdade.

— Eu não acredito.

"Não acredito mesmo..."

— Ele andava tão bravo comigo... mas agora ficou tão feliz que quis me recompensar.

Eu continuo rindo.

— Ele me levou para jantar no meu restaurante preferido e, antes disso, no carro, me deu um buquê de flores e uma caixa de chocolates.

— E você ficou feliz?

— Nossa...

Ela diz longamente mais uma vez, fazendo soar uma palavra interminável.

— Eu que achava que já, já iria receber um pedido de divórcio, foi quase uma lua de mel.

Risos.

— Fico feliz por você, Ediselma.

— Eu só tenho a agradecer, Alexandre.

— Então nos vemos na próxima reunião, "Desenvolvendo Leões", ok?

— Ok, Alê!

— Muitas flores para você até lá, Ediselma.

Rimos.

— Obrigada.

Desligo a videoconferência.

"Flores, bombons e jantar... não adianta querer mudar uma empresa, precisamos primeiro mudar as pessoas, e melhorar a vida de alguém em casa também é um prêmio que não se compra. Eu me sinto vivo, duplamente motivado e ainda mais alinhado ao meu propósito, salvar vidas e empresas."

Capítulo 2

Proselling

"QUANDO UM FRANQUEADO VENDE BEM, SEUS PROBLEMAS SÃO FÁCEIS DE SE RESOLVER. UMA OPERAÇÃO ORGANIZADA SEM VENDAS TEM PROBLEMAS DIFÍCEIS DE RESOLVER."
PROSELLING

1 QUEM SOU EU? ALEXANDRE SITA!

Eu sou um profissional da área de vendas já há um bom tempo.

Quando era mais jovem, sonhava trabalhar na área de *marketing*, mas aí, quando isso aconteceu, eu cheguei à conclusão de que quem realmente impactava as empresas era o pessoal que trabalhava na área de vendas. *Marketing* servia para dar suporte. E eu gosto de holofotes e do quem vem junto quando a gente bate a meta. Sim, o dinheiro está em vendas.

Em 2001, realizei uma promessa que me fiz quando me formei em Administração e fui morar nos Estados Unidos, onde cursei um MBA em *Marketing* pela University of Dallas. Se vendas era protagonista nas empresas brasileiras, nos EUA é a base de tudo. Um americano chega a um coquetel, procura uma roda de pessoas desconhecidas, entrega um cartão de visitas para cada estranho, faz um *sales pitch* de 20 segundos e pergunta o que cada um ali faz. E cada um começa a se vender para o outro. Enquanto nós "latinos" fazemos amigos primeiro e depois trabalhamos juntos, os americanos fazem negócios antes e, quando dá certo, viram amigos. Trabalhei na AVAYA Telecom, em Dallas, na área de planejamento estratégico fazendo sabe o quê? Ajudando a área comercial a tomar decisões. Vendas, vendas, vendas, sempre vendas! Voltando ao Brasil, em 2004, trabalhei com o grande René Duvekot, um holandês de quase dois metros de altura, brilhante e totalmente abrasileirado. Eu me tornei o *country manager* da filial Brasil e me consolidei como vendedor. Vendíamos projetos de entrada comercial nos EUA e já abríamos a empresa americana. Ajudamos muitas empresas brasileiras a crescer nos EUA. Hoje grande parte do meu estilo de liderança se parece em como o René me liderava. Dar autonomia, acreditar na equipe, trabalhar com *feedback* positivo e sempre se preocupar primeiro com a pessoa e depois com o profissional. Tive que me capacitar em Vendas Consultivas e foi essa competência que me levou para a direção de expansão da Sorridents, uma empresa brasileira que era a maior rede de clínicas odontológicas da América Latina, liderada de perto por seus fundadores Cleber Soares e Carla Sarni, com quem aprendi muito e sou muito grato.

Contratado originalmente como diretor de expansão, também ganhei mais quatro diretorias para tomar conta: operações, sustentabilidade, parcerias e unidades próprias. Até então, eu nunca havia trabalhado com *franchising* e nem sabia que ali eu estava dando o primeiro passo para o que se tornaria o meu propósito de vida. Como a minha formação era em Vendas Consultivas, que é a venda de produtos complexos, essa habilidade caiu como uma luva na hora de vender franquias.

Certa vez, ao ministrar uma palestra na ABF (Associação Brasileira de Franchising), eu acabei sendo convidado para dar aulas sobre franquias na própria associação e, para isso, eu tive que aprofundar muito o meu conhecimento sobre o tema. Para ser um professor, antes de tudo, eu tive que estudar muito e somar conhecimento técnico às boas práticas de mercado. O *networking* se expandiu e eu acabei me tornando uma das referências no assunto, junto com grandes profissionais que hoje são amigos.

Não demorou muito e eu dei início a um trabalho de consultoria, que eu sequer havia planejado. Os alunos foram os primeiros a me requisitar.

"Ah, Alexandre, me ajuda com este ponto...", "me ajuda com aquilo", "você pode me ajudar a desenvolver este tema que você mencionou na aula de hoje"?

E por aí começou e não mais parou.

O que veio logo em seguida foi a formatação de franquias, que é um processo onde se pega uma empresa padrão e a transforma em franquia. E é claro que tomamos o cuidado de focar nos processos de venda das unidades e da expansão da marca. Esses processos foram tão bem-sucedidos que meu cliente número um é cliente até hoje.

Assim nasceu a Proselling, hoje com 12 anos de vida e crescendo. Numa fase em que toda a sociedade entra em pânico e a economia ameaça entrar em colapso, ajudamos franqueados a vender mais. Afinal, muitos têm mais habilidades operacionais do que comerciais, é aí que a Proselling se destaca oferecendo valor, nos preocupamos em ser atuais, consistentes e eficazes. Conseguimos, mesmo à distância, andar de mãos dadas com nossos clientes num relacionamento que se torna tanto profissional quanto pessoal.

No início, trabalhei como consultor, e foi quando trouxe a Melissa que viramos "nós" e encontramos um jeito de multiplicar nossas habilidades através do MACPRO (Método de Aceleração Comercial Proselling).

Foi durante um processo de formatação de uma franquia de Florianópolis, que tinha uma matriz e duas filiais. A matriz indo muito bem e as outras duas unidades indo mal. O cliente preferia ignorar as unidades que iam mal e considerar no estudo de viabilidade apenas a matriz. Expliquei que não dava para vender uma franquia onde nem o dono sabe ganhar dinheiro, e migramos nossos esforços para melhorar as vendas das duas unidades. E conseguimos!

Empolgados com o resultado desse primeiro projeto, decidimos levar os mesmos processos a outros clientes, tudo de graça. Percebemos que tudo era fantástico e tínhamos na verdade criado uma excelente estratégia de desenvolvimento de franquias.

No início, chamávamos de *Coaching* de Vendas, mas como a palavra *coaching* passou a ser banalizada pelo excesso de supostos profissionais, migramos para MACPRO (Método de Aceleração Comercial Proselling), o que no fim nos pareceu bem mais apropriado, já que se trata de um método único, exclusivo e de propriedade da Proselling, que vai além do *coaching*.

② O QUE É O MACPRO?

O Método de Aceleração Comercial Proselling atua em redes de franquias que desejam promover aumento de vendas. Considerando que toda franquia é um ponto de venda e que a maior parte dos franqueados não têm perfil comercial, podemos dizer que há muitas oportunidades.

Esse serviço pode atuar tanto na área de expansão do franqueador quanto com seus franqueados, individualmente ou paralelamente. Temos casos em que atuamos somente com o franqueador, outros com uma franquia e ainda em conjunto: franqueador e franqueados.

A Proselling cresceu e hoje somos um time de consultores espalhados pelo Brasil. Enquanto escrevo este livro, temos Seu, queremos dobrar até o final de 2021.

O Método Proselling tem um conjunto de processos, desenvolvido especialmente para franquias, vivenciado nos últimos dez anos com muito sucesso. Não se trata de um "achismo" ou "experimento aleatório", mas resultado de muito trabalho para ajudar as redes onde trabalhei a crescer.

Desenvolvemos, melhoramos, aprimoramos e transformamos vários processos num pacote que atende perfeitamente tanto o franqueador quanto seus franqueados. Quando um lado se desenvolve, reflete no outro. E vice-versa. Quando ambos melhoram, a rede cresce, já que a primeira coisa que um franqueado deseja quando alcança o sucesso é comprar mais uma unidade da marca.

A Proselling é a única empresa no Brasil que se especializou em aceleração comercial de franquias. Além da exclusividade do método e da experiência, trazemos consultores de campo, que embora tenham experiência no *franchising* passam por uma metamorfose, deixando de ser tarefeiros para se transformarem em parceiros estratégicos dos franqueados. Agora, em time, nos desenvolvemos e nos aprimoramos constantemente acompanhando nossos resultados junto aos franqueados. A regra é clara... *no* ROI *no game*.

Cada franqueador tem um perfil único, bem como cada um de seus franqueados. Se hoje temos 500 clientes, temos a experiência comprovada de 500 clientes, além dos que já seguem com as próprias pernas. Afinal, não queremos criar dependência, mas sim libertação. Um grande benefício neste mercado, e que nos desenvolve cada vez mais, é a heterogeneidade das marcas que atendemos. No mesmo dia em que falamos sobre bater a meta de venda de coberturas no

GelaBoca, falamos sobre como fazer uma reunião de ACM na RE/MAX, na terceira reunião do dia, como postar um vídeo sobre alfabetização para o Kumon, que é diferente de como aumentar o P.A. da AltoGiro, com a oferta de envio de condicional para clientes *vips*. No período da tarde, ensinamos a equipe da Sigbol a melhorar o assentamento para vender mais cursos de moda. Mais estratégica, vem uma reunião com a Alphagraphics organizando uma *Call Blitz* para o time comercial. E não para! Afinal, temos que aumentar a venda de suco no copo para as unidades do Divino Fogão. Não há suposição, mas experiência. Fatos e dados. Vivência!

Segundo o livro *bestseller* "Outliers" (Fora de Série), de Malcolm Gladwell, que conta o que fizeram algumas pessoas se tornarem extraordinárias e bem-sucedidas, ninguém alcança o sucesso por acaso.

O livro indicou, dentre outros, os seguintes fatores:

1. A habilidade de comunicação e o talento para se relacionar estão entre os principais requisitos para o sucesso.

2. Genialidade sozinha não garante o sucesso, haja visto um estudo com crianças superdotadas que foram acompanhadas até a vida adulta. Tiveram a mesma taxa de sucesso do que as pessoas com Q.I. padrão.

3. A excelência que se adquire depois de dez mil horas

praticando uma atividade, seja na profissão, na arte ou no esporte, garante que você se destaque frente à maioria das pessoas, independentemente de talento. A Proselling é um exemplo perfeito do que esse *bestseller* sugere.

O foco principal da Proselling é vendas! Aumentamos as vendas através da melhoria da produtividade, motivação dos funcionários, franqueador e franqueados, nos utilizando de bases essenciais como *coaching*, Vendas Consultivas, inteligência comercial e profundo conhecimento da relação franqueador-franqueado, promovendo a união e prosperidade de ambos, simultaneamente.

Porém, com o passar do tempo e de muitas descobertas, percebemos algo incrível e que não fora planejado antes.

O amor com que trabalhamos e o método da Proselling tocam o "tendão de Aquiles" da maioria das empresas nos dias de hoje: a cultura organizacional!

Sabemos que a cultura organizacional é um conjunto de regras, valores e crenças que se forma com o passar do tempo. A cultura organizacional de uma empresa se define principalmente pelas pessoas que estão à frente dela. E, em segundo lugar, pelos anos que ela tem, pelas pessoas que a compõem e passaram por ela, seus costumes, crenças, valores, comportamento e atitudes.

Perceber que através do nosso trabalho afetamos a cultura organizacional dos nossos clientes tão profundamente, foi um presente!

Se, lá atrás, eu e a Melissa prestamos nosso serviço de graça para alguns clientes, podendo assim errar e aprender sem grandes riscos, descobrimos que afetar positivamente a sua cultura organizacional foi uma grata surpresa!

Como isso aconteceu?

A cultura organizacional ocorre, impreterivelmente, de cima para baixo. Quem está no comando dita as regras e dá exemplos. O mesmo acontece num país. Se temos políticos corruptos, a corrupção geral e a descrença num comportamento digno e correto afetam a ética de toda uma nação, bem como o contrário também é verdadeiro. A partir do momento em que um país tem um líder honesto, o mesmo interfere no comportamento e caráter de seus cidadãos. É um processo natural e não uma escolha, pensamento ou opinião. Não se trata apenas de espelhamento, mas de uma influência fortíssima no comportamento das pessoas.

Imagine uma empresa, onde o presidente usa tênis, é informal, alegre e conversa com todos os funcionários de igual para igual. Essa liberdade do presidente para com todos fará com que repassem esse comportamento, sendo igualmente gentis, despojados e leves. Se bobear, usando tênis e calça jeans, se sentindo confortáveis e livres para tal. Se, ao contrário, o presidente só usa terno e gravata, vive de nariz empinado e não olha na cara de seus subalternos, os funcionários veem a empresa e as pessoas de forma fortemente hierárquica, como se só tivessem valor aquelas que estão no topo. Os funcionários serão mais fechados, engessados, rígidos, descontentes e engravatados mesmo em *casual day*.

Em resumo, a cultura organizacional é o que influencia todo o comportamento e ambiente de trabalho numa empresa inteira. A cultura define se um lugar é bom ou ruim de se trabalhar, para estar nele das oito da manhã às seis da tarde, ou passar os dias contando as horas, a semana contando os dias e os meses contando a chegada das férias.

Esse tema é tão importante e essencial nos dias de hoje que muitas empresas pagam uma fortuna para consultorias de recursos humanos, a fim de melhorar suas culturas. Porém, um problema muito sério ocorre durante essas consultorias, que passa despercebido pela empresa contratante.

- **Primeiro:** como a cultura organizacional ocorre de cima para baixo, acontece que, quem está acima, se estiver atuando de forma negativa, não percebe o nível de devastação que provoca no seu time. Por mais que nos esforcemos quando o clima é ruim, as pessoas passam mais tempo defendendo suas posições do que seus interesses. Ou seja, com o tempo e muitos reais a menos, tudo continua do mesmo jeito, pois existe uma intoxicação generalizada, tirando a esperança de dias melhores.

- **Segundo:** ainda que a empresa de consultoria tenha acesso ao dirigente da empresa, a organização acaba "pisando em ovos" para tratar os pontos de comportamento, crenças ou valores negativos de quem está à frente. Os franqueados ficam em segundo plano, como parte do problema, quando na verdade são parte da solução.

- **Terceiro:** consultorias são contratadas para melhorar a produtividade de funcionários e franqueados nas redes, mas se não houver engajamento da liderança, a nova cultura não "cola" e depois de um tempo tudo volta a ser como antes.

Não menciono aqui o fato como responsabilidade total das consultorias, mas também da disponibilidade, conhecimento e humildade de quem está à frente da empresa e de se disponibilizar a "olhar" para isso, se permitindo uma transformação, seja de valores, de comportamento, crenças ou tudo junto.

③ A PROSELLING E A CULTURA ORGANIZACIONAL

E como a Proselling entra nesse processo de cultura organizacional?

Sempre atuamos em paralelo com quem está no comando das empresas, ou seja, os próprios proprietários ou administradores, sendo eles presidentes ou diretores.

Constantemente, atuamos nos utilizando de ferramentas e técnicas consolidadas de desenvolvimento humano e de inteligência emocional, o que torna os diálogos sempre leves e transparentes, mas consistentes. Além do apontamento de falhas e necessidades de melhoria ser mencionado de forma sutil, jamais como um ataque de críticas ou opiniões sem fundamentos.

Acreditamos que nossa abordagem deve considerar o papel humano das pessoas e também o profissional. Não falamos sobre passado, responsabilidade de psicólogos, mas sabemos que se a pessoa física não estiver bem, a pessoa jurídica também estará prejudicada. Acabamos atuando em suas crenças, comportamentos, atitudes e hábitos, que acabam por influenciar a evolução da postura profissional.

Pense no caso da nossa querida Ediselma.

O que havia de errado naquele momento da sua carreira? Aparentemente nada de mais, além do tempo insuficiente e a intenção de crescer dez vezes mais em faturamento.

E o que havia de errado em sua vida? Por consequência, a falta de gestão de tempo, que começou a afetar inclusive o seu casamento.

De que maneira a Ediselma poderia perceber que estava errada em dar atenção demasiada a seus consultores? Ela não estava sendo má, pelo contrário, afinal, não dizem que um bom líder deve servir seu time?

Porém, a inabilidade de dizer não e estabelecer limites estava interferindo em sua vida pessoal, atrapalhando seus afazeres profissionais e tirando de seus colaboradores a oportunidade de se desenvolverem, uma vez que ela acabava fazendo a parte deles, como o de pensar, ter iniciativa e ideias, controle das informações e desejo de autonomia.

Em muitos casos, em que há um problema instaurado numa empresa, esse problema não costuma ser algo complexo, mas simples. A dificuldade está em se encontrar a origem do problema e chegar até a pessoa de onde esse problema se origina. Esse é o grande e complexo problema das culturas organizacionais doentes.

Temos conhecimento de que, nos dias de hoje, as culturas organizacionais estão tão tóxicas que vêm causando um alto índice de Síndrome de *Burnout* em seus colaboradores, depressão e suicídio. Uma vez que um franqueado precisa cumprir seu contrato até o fim, ele se sente encurralado e não sabe como intervir para melhorar o ambiente em que trabalha, e entra num círculo vicioso de insatisfação pessoal, profissional e financeira. Não há salário que pague o descontentamento diário na vida do ser humano.

Com o MACPRO (Método de Aceleração Comercial Proselling) e o foco no desenvolvimento humano em absolutamente todas as reuniões da empresa e abordagens a franqueadores, franqueados e times comerciais, melhorar a cultura organizacional se tornou tão natural que nem nós, da Proselling, havíamos percebido esse efeito colateral.

Capítulo 3

Kumon

"PARA AJUDAR UM FRANQUEADO A SE 'TRANSFORMAR', VOCÊ APRESENTA SUAS FERRAMENTAS PARA QUE ELE FAÇA O TRABALHO. FAZER POR ELE É MAIS FÁCIL, MAS NÃO TEM VALOR."
PROSELLING

① DEPOIMENTO - JÚLIO

Eu conheço o Alexandre há muito tempo e até mais do que a própria Proselling. No mundo de hoje, as coisas são assim, não é mais aquele mundo das empresas, mas o mundo das pessoas, das conexões. Então, a gente primeiro conhece a pessoa e depois descobre o que ela faz. Acredito que esse pensamento venha do *franchising* mesmo: primeiro você conhece a pessoa e depois a marca que ela representa, o que ela fundou ou de onde ela é sócia.

Eu gosto de pessoas, venho do interior e tenho valores de uma cidade pequena. Gosto das coisas assim: primeiro o ser humano, depois o lado profissional e de que forma ele contribui para a sociedade com o seu trabalho.

E com o Alexandre foi dessa forma. Para mim, ele era o Sita, que tinha uma empresa de consultoria, mas por muito tempo eu nem sabia do que se tratava a sua consultoria. A gente se conhecia do mundo do *franchising*, se encontrava em reuniões, palestras e eventos da ABF, que é o ponto de encontro dos profissionais da área de franquias. E lá a gente se falava como bons colegas da área.

Eu trabalho no Kumon há 25 anos, que é uma rede franqueadora grande, com forte estrutura, diferente da maioria no Brasil. Temos em torno de 1.600 franqueados no país. Sou hoje diretor de uma unidade regional, que atende à América do Sul.

Muitos não sabem, mas o Kumon foi fundado em 1958 no Japão e tem seis matrizes regionais no mundo, sendo uma em São Paulo, que cuida da América do Sul, Nova Iorque, que cobre a América do Norte, Londres, que cuida de toda a Europa e África, Singapura, atuando na Ásia, Hong Kong, que cuida da China, e outra no Japão, que atende suas mais de 15.000 franquias somente nesse país. No mundo inteiro, somos mais de 25.000 franquias.

O objetivo do Kumon é trabalhar as crianças para que elas sejam mais capazes, mais desenvolvidas, responsáveis por contribuir com uma sociedade global. O Kumon tem um *know-how* já muito bem estabelecido, estrutura grande e sólida, com a maioria de suas tarefas cuidadas internamente.

Somente a partir de 2015, o Kumon começou a se abrir para fornecedores externos, como parceiros, agências e consultores que nos ajudem nesse trabalho.

O Kumon está no Brasil desde 1977 e por muito tempo não tivemos o costume de conhecer fornecedores, nos relacionar com parceiros, terceirizar trabalhos, porque tudo era feito de forma interna. Eu sempre foquei mais na pessoa do que naquilo que ela fazia.

Um dia eu estava numa grande feira e passei pelo estande da ABF para tomar um café. Dois colegas conversavam e fui abordado por um deles.

— Júlio, vem cá, você precisa conhecer o trabalho do Alexandre – disse o José Rubens, que já era um de nossos fornecedores.

Eu cumprimentei os dois normalmente, pois já os conhecia, e ele continuou.

— O trabalho da Proselling é espetacular e isso vai ser muito bom para o Kumon.

Foi somente nesse dia que eu descobri que o Sita tinha uma empresa chamada Proselling.

O José Rubens continuou e foi resumindo a proposta de trabalho da Proselling, mas na hora eu pensei: "No Kumon isso não vai rolar".

— Vamos marcar um dia no Kumon, Júlio? – o Alexandre propôs.

— Claro.

Passado um tempo, essa visita aconteceu e eu o recebi com uma equipe, para compreender melhor aquela proposta e se caberia ou não na nossa rede.

O Alexandre se apresentou, apresentou a Proselling e sua proposta de trabalho.

— Cara, eu acho que desse jeito, com essa proposta, com o Kumon não vai rolar – eu disse.

— Mas por que, Júlio?

— O Kumon é diferente, Alexandre.

— O que tem de diferente no Kumon, Júlio? Poderia me explicar?

Todos falamos, tentando mostrar o que era diferente em nossa estrutura e por que aquela proposta não parecia se encaixar no nosso modelo de negócios.

O Alexandre acabou concordando, mas um dos meus colegas, o João Daniel, teve uma ideia.

— Júlio, vamos dar um livro do Professor Kumon (o fundador de toda a rede no mundo) para ele ler e entender quem nós somos.

— Boa ideia – eu respondi.

O Sita leu o livro em dois dias e nos contatou novamente. E o fato dessa leitura ter sido tão rápida foi algo que nós consideramos superpositivo.

Depois disso, o Sita entrou em contato com o João Daniel e disse:

— Agora eu sei por que a nossa reunião não estava funcionando, João.

— Sério, Alexandre? – o João comentou.

— Realmente, João, o Kumon é diferente das outras empresas.

— Que bom que você percebeu, Alexandre.

— Sim. E o trabalho com o Kumon tem que ser diferente das outras empresas.

— Agora nós podemos voltar a conversar, Alexandre!

O clima e a conversa para uma parceria começaram a ficar realmente mais promissores.

A diferença de nossa rede é que o perfil de nossos franqueados é de educadores. Isso não significa que eles sejam formados na área da educação, mas que eles têm um dom para educar, para trabalhar com a educação. E nós focamos na formação do indivíduo como ser humano, seja ele uma criança, um adulto, aluno, colaborador ou parceiro.

O nosso franqueado é, além de um educador, um empresário que faz a gestão de sua própria unidade, mas que em sua maioria costuma ser bem pequena, porque a cidade também é do interior e tem uma gestão sempre voltada ao humano.

Como o ponto forte de nossos franqueados é a educação, pontos como comunicação, gestão e divulgação tendem a ser mais fracos. E nós, franqueadores, tentamos compensar esses pontos com 70 consultores em campo espalhados por 17 filiais no Brasil. Esse também é um diferencial do Kumon, pois nenhum outro franqueador tem uma capilaridade tão grande como a nossa, para atendimento aos franqueados.

O Kumon tem uma preocupação constante em não chefiar equipes, mas liderar equipes, o que sabemos ser muito diferente. Ouvimos nossos colaboradores. E se temos uma mãe, por exemplo, ou um pai, que quer dar uma educação diferenciada para seus filhos, é isso que buscamos e nisso que queremos trabalhar. Atuamos exatamente ali. Nossos alunos vão de 2 a 80 de idade.

Nós trabalhamos com os franqueados conhecendo-os pelos nomes, conhecemos suas famílias, num jeito meio paternalista, por assim dizer; 96% dos nossos franqueados são mulheres.

Dentro do Kumon, a relação também é muito fraterna, nunca se contrata, por exemplo, um diretor de fora, mas sempre gente de dentro, que começou como consultor de campo e que, assim como eu, foi crescendo dentro da empresa.

Com tudo isso, a Proselling percebeu que a proposta para nós precisaria ser diferenciada. Os outros fornecedores ofereciam propostas sempre para trabalhar com a franqueadora e não com os franqueados. Todo o contato com os franqueados era feito por nós. E a Proselling inicialmente veio com uma proposta de que eles fariam esse contato direto com os franqueados, e por isso eu pensei: "não vai dar certo".

Após a leitura do livro pelo Alexandre e sua melhor compreensão sobre como o Kumon funciona, pudemos fechar numa segunda proposta, que incluía seis franqueados, o que se deu como um projeto piloto. O próprio Alexandre entrou em contato com esses franqueados, apresentando o projeto.

Os resultados começaram a se apresentar de forma muito interessante, porque desde o início sabíamos que o objetivo da Proselling era o aumento de vendas. Com um determinado franqueado, por exemplo, percebemos que a Proselling estava resolvendo questões internas em primeiro lugar, para depois conseguir focar nas vendas.

Num segundo franqueado, a Proselling resolveu uma questão de gestão, de uma pessoa que tinha dificuldade para delegar tarefas e, por isso, não se dispunha a fazer mais matrículas do que já tinha naquele momento, sem possibilidade de aumentar as vendas.

No caso específico dessa franquia, o franqueado tinha medo de aumentar o número de matrículas e diminuir a qualidade de seus serviços prestados. Havia uma boa intenção por trás, mas que estava emperrando seu crescimento, o que não era bom.

Então aí entrou a Proselling e o Alexandre com aquele seu método fantástico.

— A senhora me explica, de que forma a senhora acha que vai perder a qualidade de seus serviços se aumentar o número de matrículas? – o Alexandre perguntou.

— Ah, eu acho que eu vou perder a qualidade por causa "disso, disso e daquilo"... – ela explicou alguns pontos.

— Ah, ok, mas você não tem uma equipe que trabalha com a senhora?

— Sim.

— E o que a sua equipe faz?

— Ela faz "isso, isso e aquilo" – sem tocar em nada do que ela mesma fazia.

— E por que a sua equipe não faz nada do que a senhora faz?

— Porque eu acho que ela não pode fazer o que eu estou fazendo.

— E por que a senhora acha que ela não pode fazer o que a senhora está fazendo? – o Alexandre insistiu.

E, assim, depois de alguns encontros, essa franqueada começou a perceber que ela poderia, sim, delegar algumas ou várias tarefas que antes ela não conseguia, porque havia uma crença de que ela não deveria fazer isso.

Com esse processo de delegação de tarefas, ela se sentiu menos sobrecarregada e mais confortável para fazer mais matrículas em sua escola. Foi um processo fantástico, pois antes de aumentar as vendas, houve um desenvolvimento pessoal, de mudança de pensamento e de atitudes, e depois, de reestruturação de tarefas dentro da empresa do franqueado.

Em quatro franqueados, do total de seis do projeto piloto, a Proselling atuou antes na cultura organizacional da empresa, para depois iniciar o processo de aumento de vendas, o que colaborou para um resultado impressionante. Antes de aumentar as vendas, desenvolve-se o ambiente de trabalho das pessoas: como elas trabalhavam e se sentiam nesse local de trabalho.

Ficou muito claro que as pessoas começaram a se sentir mais satisfeitas com suas próprias empresas e com o Kumon de um modo geral, não porque nós mudamos algumas coisas, mas porque elas melhoraram a sua maneira de pensar. É algo simplesmente inesperado e inusitado para nós, pois compramos uma coisa e ganhamos muito mais do que achávamos que estávamos comprando.

Foi muito legal descobrir algumas pequenas falhas nas franquias, que não tínhamos como identificar, e depois vê-las sendo solucionadas pela Proselling, uma a uma, de forma humana, tanto que o Alexandre virou o queridinho desses franqueados.

Houve um caso em que a Proselling pôde promover uma melhor divisão de tarefas entre dois sócios, marido e mulher da mesma unidade, o que estava gerando desavenças na gestão da franquia. Houve melhora no relacionamento dos envolvidos, no andamento da franquia e do aumento de vendas da unidade.

São pontos muito delicados e que não é algo que se pode pedir para alguém ou uma empresa trabalhar, pois, em primeiro lugar, a gente nem sabe dessas coisas. São detalhes muito difíceis de se identificar, encontrar alguém disposto a ter essa percepção tão sensível e sutil mais difícil ainda, a ponto de conseguir olhar para ela e transformá-la aos poucos, com cuidado e carinho, já que se trata de pessoas. E muito importantes para nós, pois são nossos educadores e parceiros.

Nós ficamos tão satisfeitos com o resultado do projeto piloto que levamos os resultados para o nosso presidente. E chegamos à conclusão de que quem deveria estar fazendo esse trabalho que a Proselling fez seria o nosso consultor de campo.

Pensando em sustentabilidade, para o Kumon seria mais interessante que o nosso consultor fosse capaz de fazer esse processo, então foi a vez do Kumon fazer uma proposta para a Proselling, que foi o pedido de que eles treinassem os nossos consultores.

— Alexandre, nós queremos que você treine os nossos consultores.

— Como assim, Júlio?

— Eu vou explicar, e eu sei que este não é o seu negócio, e eu dou total liberdade de você dizer não.

— Explique melhor, Júlio.

Eu expliquei a nossa ideia e, depois de muita conversa, conseguimos acordar uma boa proposta tanto para o Kumon quanto para a Proselling. E o Sita me confessou meio perplexo:

— Esse é um trabalho que eu jamais faria, Júlio.

Eu soltei um sorriso e ele completou.

— Eu só peço que vocês não abusem de mim, cuidem da Proselling no Kumon que a gente cuida do Kumon na Proselling.

Eu sorri novamente e continuei conversando com aquele, que além de parceiro, passou a ser uma pessoa muito querida de todo o Kumon, tanto que, em eventos, tem franqueado que faz questão de abraçá-lo, se souber que ele se encontra no local.

Este trabalho ainda é recente e eu não tenho condições de mensurá-lo, mas o projeto piloto teve excelente resultados, porque além de ter promovido o aumento de vendas, conforme a intenção inicial, também desenvolveu e melhorou muito a forma de pensar de nossos franqueados.

Quando se aumentam as vendas de forma simplesmente comercial, é provável que elas não sejam sustentáveis, mas quando se promove a mudança de pessoas e com isso o aumento das vendas, então se cria um aumento de vendas sustentável, e eu senti que foi exatamente isso que a Proselling fez.

② DEPOIMENTO - CLÁUDIA

"**G**ente, olha que festa junina mais linda".
Bandeirinhas diversas, em várias cores, em todos os lugares, lâmpadas coloridas, barracas de doces, salgados, bebidas, brinquedos, parceiros da escola, alunos vestidos a caráter e música junina. Não poderia estar mais bonito. Mesmo com o frio.

— Boa noite, a senhora poderia me explicar o que é de verdade o Kumon?

— Claro. Boa noite, tudo bem? Como você se chama?

"E pensar que, antes do projeto piloto da Kumon com a Proselling, eu nunca tinha tido uma oportunidade dessas".

— Meu nome é Paulo.

— Prazer, Paulo, eu sou a Cláudia.

Eu explico para esse pai de aluno como surgiu o método Kumon e como não somos uma escola de reforço, mas uma escola com método de ensino diferenciado e único no mercado.

— Obrigado, Cláudia, posso levar um folheto?

— Claro, por favor.

— Semana que vem, eu vou com meu filho até a sua escola.

— Obrigada, Paulo, vocês serão muito bem-vindos!

Sei que meu sorriso vai de uma orelha até a outra.

"Tudo isso por causa de uma dedicatória escrita à mão num livro. Como pode?"

Eu sempre mandava os livros do Kumon para os profissionais das escolas, mas nunca nada além disso.

Eu me lembro bem das palavras do Alexandre.

— Cláudia, escreva uma dedicatória nos livros que contam a história do Kumon, explicando que aquilo não é apenas um livro, mas uma história de amor de um pai para um filho – ele falou, enfaticamente.

— Como assim, Alexandre? Para quê?

— Cláudia, você tem que fazer algo pessoal, personalizado, a pessoa tem que sentir que você fez aquilo para ela, com amor, com atenção.

— Eu nunca tinha pensado nisso, Alexandre.

— Então, faça e envie para as diretorias das escolas que você gostaria de ter um relacionamento especial de parceria, depois você me conta.

Eu olhei para ele meio desconfiada e fiquei calada.

— Você não quer aumentar as suas vendas, o seu número de matrículas?

— Muito, Alexandre.

— Então, Cláudia, é importante você aumentar a sua rede de contatos, consequentemente, aumentando as suas oportunidades de divulgação e a participação nos eventos das escolas, você precisa ter uma porta aberta em cada escola que está perto de você.

— É verdade, Alexandre.

A minha unidade do Kumon foi uma entre as seis escolhidas para participar de um projeto piloto com a Proselling, com duração de seis meses. Foram horas de reuniões por videoconferência, que se deram semanalmente comigo, mas também com meu marido e alguns de meus consultores, quando se considerou necessário.

Lá estava eu, sobre a minha mesa, tomando muito cuidado com a caligrafia, para as tais dedicatórias nos livros.

"Mas quem é que manda algo por escrito hoje em dia? Será"?

— Bom, não custa nada tentar – falo comigo mesma.

Uma semana depois, a gerente da escola me liga, para agradecer pelo livro, e me chama para participar da festa junina, com uma barraca do Kumon.

Isso fez toda a diferença no nosso negócio. A partir do momento que uma escola nos cede um espaço desses, é como se todos os pais pudessem, automaticamente, perceber que o Kumon é uma parceira da escola de seus filhos, pois a mesma acredita em nosso trabalho. Senão, por que raios nos cederia esse espaço?

— Boa noite, senhora, eu queria saber como funciona o Kumon, por favor.
— Claro, como você se chama?
— Ana.
— Boa noite, Ana, eu sou a Cláudia.

Eu ofereço um quentão e continuo a falar com essa mãe. Tenho mais uma vez a oportunidade especial de falar com pais de alunos, exatamente o meu público-alvo.

Se estou aqui agora é porque comecei a enxergar o meu próprio negócio de uma maneira diferente. Depois de 14 anos no Kumon, eu mesma, finalmente, entendi, que podia agir de forma mais incisiva. Compreendi melhor a importância do Kumon na realização dos sonhos das pessoas. Eu não vendia só um serviço, mas um sonho, que mudaria para sempre a vida dos meus alunos.

O trabalho com a Proselling me permitiu sentir muito mais orgulho e prazer com a minha unidade, com o meu trabalho, o meu propósito de vida. Não mudou muita coisa dentro do meu trabalho, mas da minha cabeça, no modo que eu via as coisas e como vejo agora. E a partir daí, as minhas ações aumentaram.

E não foi só a dedicatória nos livros, mas o *brunch*, que eu e o Alexandre decidimos oferecer para profissionais de escolas a fim de explicar quem somos. Nós criamos momentos pessoais e informais, para mostrar o nosso serviço e criar uma boa rede de parceiros, o *networking*.

Eu percebi que antes, sem querer, eu agia de forma mais tímida com o meu trabalho. E, hoje, eu atuo com orgulho do que faço e isso me motiva a ser mais criativa, produtiva e também incisiva. Se eu quero mais alunos? Claro que eu quero! Então eu promovo ações! E ações com amor, carinho e atenção. Os sentimentos que eu tenho hoje em relação a minha unidade do Kumon estão nítidos em todas as ações que faço.

A minha alegria mudou, o que eu vejo e, por consequência, tudo e todos à minha volta. Foi um processo maravilhoso.

— Cláudia?

— Sim.

— Posso ir à sua unidade amanhã com a minha filha mais nova?

— Claro, vocês serão muito bem-vindas. Vamos tomar um café e comer um *cupcake*.

— *Cupcake*?

— Claro! Com açúcar, chocolate e amor.

Risos.

③ DEPOIMENTO - LUCIA

A minha mãe é uma das franqueadas mais antigas do Kumon, completando neste ano 35 anos de franquia. Ela é uma pessoa muito ativa, apesar de ser bem quieta. Sempre tomamos as decisões juntas, já que nosso trabalho tem dado certo há mais de dez anos.

O Método Proselling causou um impacto muito grande na nossa forma de trabalhar.

Como a minha mãe veio do mundo doméstico à franqueadora, todos os nossos processos vieram do conhecimento adquirido do dia a dia, com hábitos de uma ex-dona de casa, que foi se familiarizando aos poucos com o mundo dos negócios e da educação. De doméstica a empreendedora. Não foi uma transição fácil, pois as exigências do mercado e da franquia foram aumentando com o passar dos anos, e nossa franquia também foi crescendo e se transformando.

No início, minha mãe foi convidada a trabalhar dentro de casa, duas vezes por semana, o que é totalmente diferente do formato atual da franquia. E nós fomos nos adaptando, de acordo com o crescimento da escola.

A franqueada Kumon hoje é uma empresária, empreendedora, uma mulher de negócios. Além de existir um local físico, há padrões de exigência tanto para as partes internas quanto para as partes externas das unidades.

Nós tivemos a sorte de fazer parte do projeto piloto da Proselling junto ao Kumon, pois foi um processo transformador para a nossa unidade e para nós, como profissionais e pessoas.

Alexandre fez perguntas muito contundentes durante o processo, que nos fez refletir profundamente e ver a nossa forma de trabalhar de outra maneira. Ele não trouxe nada pronto, mas nos fez enxergar o caminho e melhores soluções para nossos trabalhos, através de outras atitudes.

As reuniões eram de duas em duas semanas. Era um trabalho monstruoso entre uma reunião e outra, pois a gente saía da reunião e pensava: "Ah, ok, acho que esse plano de ação vai ser fácil de executar", mas quando a gente começava a fazer a tarefa, era um levantamento de dados tão grande, que a gente não compreendia onde tudo aquilo iria chegar. Foram muitas noites indo dormir tarde, e acordando cedo no dia seguinte, para o trabalho normal e para a busca das informações.

Nós tínhamos uma equipe que cresceu bastante nos últimos anos, e a Proselling, através do Alexandre, fez o seguinte questionamento.

— Qual a proporção da participação de cada pessoa da equipe nas tarefas diárias da escola?

— Como assim, Alexandre?

— O que cada pessoa faz? Quais são suas funções e tarefas no dia a dia?

Eu fiquei calada, pensando. Descobri que não tinha sequer uma média para responder aquela pergunta.

— Lucia, é importante saber o que cada um faz e quanto tempo leva para fazer, para sabermos se as tarefas estão bem distribuídas ou se podemos melhorar esse aspecto na sua unidade.

— Entendi.

Após muito tempo e trabalho levantando dados para responder a essa mínima pergunta, chegamos a uma terrível conclusão!

Eu e minha mãe respondíamos por cerca de 80% de tudo o que era feito na nossa unidade e somente 20% estava sendo feito pelos demais, que contava o número de cinco pessoas, na época. Ou seja, as tarefas estavam centralizadas demais, mal distribuídas.

Não foi fácil enxergar isso, foi necessário um olhar de fora, cuidadoso e delicado o bastante, para nos abrir os olhos de forma sutil, mas eficaz.

Ficou claro que tínhamos de trabalhar em nós mesmas a confiança em delegar tarefas e não mais centralizar a maioria das coisas, como vínhamos fazendo há anos, desde que minha mãe fundou a sua unidade do Kumon.

Foi um processo muito inteligente, pois primeiro percebemos o que estava acontecendo. Havia algo enraizado em nossa forma de trabalhar, acontecia sem nos darmos conta ou analisarmos essa centralização, que era algo natural e imperceptível aos nossos olhos. Com isso, aprendemos a delegar, nos tornamos mais condescendentes e passamos a confiar mais nas pessoas.

Um episódio que me marcou bastante, durante o processo com a Proselling, foi o fato de eu ensinar uma funcionária mais experiente a executar uma tarefa, a fim de que ela ensinasse uma terceira pessoa, outro colaborador. O resultado foi excelente, pois eu me vi livre da tarefa de ensinar e também da tarefa de supervisionar e cobrar a terceira pessoa.

Eu fiquei com mais tempo livre e mais tranquila, com uma responsabilidade a menos em minha mente, o que me deu mais tempo e disposição para pensar em fazer coisas que nunca tinha feito antes, porque sempre me via sobrecarregada, e isso mudou totalmente a partir deste trabalho.

São coisinhas que podem até parecer pequenas, mas que fazem uma diferença enorme, pois promovem melhor gestão de tempo e tarefas e foco para criar coisas novas, como estratégia e vendas. Além de melhor relacionamento junto aos nossos alunos. Nós melhoramos a qualidade de nossas relações com a equipe de forma muito significativa.

Agora, passado um ano, nos sentimos prontas para crescer, pois conseguimos melhorar muito, a partir da nova forma de enxergar o trabalho como um todo.

As perguntas do Alexandre, inicialmente, aparentavam ser simples, mas eram contundentes, pois vinham com uma carga de reflexão grande. Não foi uma descoberta que fizemos do dia para a noite e assimilamos rapidamente, mas foi um longo processo, que aconteceu de acordo com as perguntas que nos foram feitas e com as respostas que buscávamos sozinhas.

Hoje nós trocamos de lugar em relação à proporção de tarefas, pois carregamos cerca de 20% delas, e os outros 80% ficam com o restante da equipe, de forma bem distribuída e equilibrada para todos.

Nós melhoramos a parte gerencial de nossa unidade, nossos funcionários, e principalmente nossos alunos, se sentem mais satisfeitos. O fluxograma de trabalho é mais claro e bem distribuído. Tudo ficou organizado. Conseguimos sistematizar os processos, criar formulários e todo mundo sabe o que vem primeiro, a sequência, o que vem depois e como cada passo funciona. Foi algo libertador.

Existe o antes e o depois da Proselling na história de nossa empresa. Foi uma oportunidade fora de série! Fomos muito felizes sendo parte do projeto piloto.

Tudo foi feito com muita tranquilidade e calor humano, e aprendemos muito nesse aspecto também, que era algo que sequer havíamos imaginado aprender.

Capítulo 4

Divino Fogão

"VENDER NÃO É UMA ARTE.
É UMA COMBINAÇÃO
DE PROCESSOS QUE,
SOMADOS COM ATITUDE,
DISCIPLINA E FÉ,
AO FINAL DÃO CERTO."
PROSELLING

① DEPOIMENTO - BRUNO

— Olhe só, se não é o tricampeão mundial de *rally*, o senhor Reinaldo Marques Varela – diz o Alexandre, apertando sua mão.
— Boa tarde, Alexandre, tudo bem?
— Tudo muito bem. Prazer vê-lo aqui na ABF, Reinaldo.
— Parabéns pela palestra, Alexandre, conteúdo fantástico.
— Vamos aplicar no Divino Fogão, Reinaldo? Tem muito trabalho comercial que pode ser feito de dentro da unidade para fora. Você não precisa carregar sozinho essa responsabilidade. Além de bons operadores, seus franqueados também têm poder de aumentar *ticket* médio, captação e conversão de vendas.
— Será?
— Claro!
— Olhe, você tem três meses, se eu não gostar, cancelo. Se eu gostar, renovo por mais três meses. Topa?

E foi a partir daí que a relação da Proselling com o Divino Fogão começou. Uma parceria sólida, de quase três anos, e que com certeza ainda se estenderá por outros bons anos.

Eu, Bruno, comecei há 16 anos no Divino Fogão, como ajudante. Hoje sinto o maior orgulho de ser o gerente geral da rede. Com mais de 30 anos de existência, quase 200 restaurantes, todos em *shopping centers* por todo o Brasil, a maioria de nossos parceiros é de franqueados.

Trabalhamos com pessoas que apostaram em nossa marca e compraram o conhecimento dela para operar no mercado, e que conseguiram isso com muita satisfação.

O Divino Fogão não é só uma rede de restaurantes *self-service*, mas uma rede de empresas que trabalha com o lado humano das pessoas, e por isso o seu sucesso no mercado.

Um dia eu fiz uma sessão pessoal com o Alexandre e gostei muito, porque me ajudou na minha vida pessoal e profissional, já que eu não conseguia gerir o meu tempo tão bem quanto agora. Esse ponto foi importante, pois pude sentir por mim mesmo o que eles estariam fazendo com os nossos franqueados.

Naquela época, eu praticamente nem via a minha família e isso me ajudou muito, com um mapa de tempo e prioridades. Foi sensacional.

No início, foi difícil imaginar ou mensurar o resultado do MACPRO da Proselling junto ao Divino Fogão, pois não se tratava de algo tangível, que a gente conhecesse, diferente de qualquer técnica de vendas que já tivéssemos aplicado.

Os nossos conhecimentos internos foram todos construídos com o tempo, algo que foi sendo testado: o que funciona, o que não funciona, fizemos uma sólida documentação e repassamos aos franqueados. Ensinamos os franqueados a operar e a inovar.

A nossa empresa é muito voltada à inovação. Apesar de nosso produto se tratar de comida caseira, estamos sempre experimentando novos sistemas, tentando otimizar nossa identidade visual, tecnologia, experiências do cliente, enfim. Estamos sempre antenados a tudo e sempre testando para ficar na vanguarda de todo tipo de novidade.

Por isso, quando o Alexandre trouxe a ideia do Método de Aceleração Comercial da Proselling, mesmo não sendo algo mensurável, nós acreditamos que era algo inovador.

O que se encaixou no processo da Proselling com o Divino Fogão?

Nós fechamos um projeto piloto com atendimento a algumas lojas, para conhecer o trabalho da Proselling. Quando a consultoria fez a imersão na empresa, foi absorvendo o nosso conhecimento. E, em pouco tempo, nos fez perceber que o básico não estava sendo feito pelos nosso franqueados.

Esse momento se deu logo após a crise de 2015, que foi muito impactante no mercado, com muitas lojas fechando, e por isso tudo estava voltado à redução de custos na época. Esquecemos de estratégias para vender mais.

— O básico vocês conhecem, sabem que funciona, mas os seus franqueados não estão praticando.

— Verdade, Alexandre? – eu perguntei.

— Eles estão voltados para redução de custos e esqueceram as vendas – o Alexandre nos informou, logo numa das primeiras reuniões.

O projeto inicial englobou dez lojas pelo período de um ano. Mas o resultado foi tão bom que nunca paramos, e já estamos em nosso terceiro ano de parceria, com cerca de trinta lojas atendidas. A tendência é que os números apenas aumentem nesse sentido.

Como a Proselling nos ajudou a enxergar melhor as estratégias de vendas, até mesmo a escolha das lojas que deveriam participar do MACPRO foi diferente. Antes, acreditávamos que as lojas com vendas ruins deveriam ser as primeiras a serem trabalhadas, mas depois entendemos que mesmo as que estavam vendendo bem poderiam vender mais. Não significava que elas já estavam em seu potencial máximo de vendas.

Aprendemos a trabalhar melhor o profissional de atendimento, aquele que está à frente da loja, recebendo os clientes. E, também, a ensiná-lo a fazer parcerias dentro do próprio *shopping*.

A cada 15 dias, a Proselling entra em contato com o franqueado, proprietário da unidade, e traça com ele estratégias para os próximos 15 dias. Essas estratégias incluíam realizar parcerias, buscar convênios com outras empresas, contratar ou ajustar quadro de funcionários, e sempre algo que já fizesse parte das boas práticas da marca, mas que acabava sendo negligenciado pelo franqueado no dia a dia.

Em resumo, descobrimos que o básico, que fazíamos há 30 anos, estava falhando, e foi a Proselling que identificou essa falha e começou a retrabalhá-la.

A Proselling também identificou algo que nós acabamos chamando de "Síndrome dos Inventores", o que ocorreu em meio à crise de 2015: todos os franqueados buscaram inovar e fazer tentativas que estavam fora dos padrões da rede, em busca de se salvarem, mas isso não deu certo.

Os nossos consultores iam às lojas e viam algum tipo de promoção ou ação que não estava nem dando lucro ao cliente. Era algo feito no "chute" e que não dava retorno financeiro, não era algo estudado e trabalhado a partir de estratégia de vendas, como a Proselling fazia ou a própria rede sempre fez.

Todo franqueado faz treinamento, tem acesso às nossas informações, ao conhecimento, mas com o tempo o franqueado estava deixando de aplicar esse conhecimento e se perdia no meio do caminho.

O interessante é que esse fato aconteceu com franqueados mais antigos, e não com os novos. Como a crise atingiu os franqueados mais velhos e não os mais recentes, por algum motivo ela afetou o comportamento desses parceiros em específico.

Um ponto muito forte de nossa empresa é que ela é muito humana. Não há rotatividade de colaboradores, todos daqui já estão há muito tempo. E mesmo os mais novos já estão há mais de três anos conosco. E a nossa comunicação é baseada em valores, nas pessoas.

Em 2019, recebemos o prêmio de melhor franqueador do Brasil, justamente pelo fator humano da empresa. Nosso presidente Reinaldo Varela nos passou uma cultura de humanidade, de sempre estar à disposição para ajudar, para conversar e para compreender os problemas. Ele é uma pessoa de visão. Quando você quebra a cabeça muito tempo para resolver um problema, por exemplo, e depois decide falar com ele por dois minutos, recebe a solução de imediato.

Por ele ser um visionário, está sempre no futuro e não no presente. Enquanto a gente está operando o presente, ele já está à frente, prevendo como vai ser no futuro. É incrível.

Por isso, a Proselling se encaixou perfeitamente no Divino Fogão, pela vontade do fundador de estar sempre à frente e de ver o que ele inventou lá atrás sendo aplicado e retrabalhado pela Proselling: manter a empresa operando, acontecendo o que já existe de bom, enquanto ele projeta o futuro da rede.

Nós passamos a comparar o resultado de vendas das lojas atendidas pela Proselling com as que não eram atendidas por essa consultoria. E a média de crescimento das lojas atendidas pela Proselling mostrava sempre o dobro de resultado das demais. O resultado impressiona, e por isso nós só vamos estender esta parceria, gradativamente.

A Proselling entrou nesta parceria, aprendendo e respeitando nossos processos e padrões. Então, nada foi inventado, mas reforçado, quando a Proselling montou conosco o "Guia Básico de Vendas" dos franqueados da empresa, exatamente como a gente esperava que fosse.

A "cobrança" dos planos de ação da Proselling é mais eficaz, funciona mais do que a cobrança interna. Ela é feita de modo que faça o franqueado perceber e admitir que ele não está fazendo a parte dele, o que é pior do que um "puxão de orelha", pois não deixa espaço para desculpas.

— Ah, e por que você não fez o que tinha de ser feito? Se você percebeu que não tem perfil para essa tarefa, o que você pode fazer? – pergunta um dos consultores da Proselling para um dos nossos franqueados.

— Acho que terei que contratar alguém que tenha esse perfil, para que eu continue fazendo o que eu gosto, que é cuidar da parte técnica.

— E qual ação do guia você acha que ajudaria mais você neste momento?

— Preciso colocar um *banner* no salão e focar na estratégia de um determinado prato *à la carte*...

Tudo dentro do que já existe, mas faltava o acompanhamento da execução dos planos de ação com atenção aos resultados esperados, exatamente como a Proselling faz.

Como somos muito humanos, nossos consultores são menos incisivos do que os da Proselling. Nós acabamos pisando mais em ovos, mas a Proselling não, o que foi muito bom.

— Você tem que fazer, vai atrás!
— Por que você não fez?
— Qual foi a falha?
— Você não arrumou uma hora do seu tempo?
— Já faz 15 dias?

O consultor da Proselling é como um *personal* de academia. Na hora, a pessoa não gosta, mas o professor cobra, o aluno faz e depois se satisfaz com o resultado.

Foi feito um trabalho longo com o franqueado, era preciso mexer a cabeça para o corpo todo se mexer. Depois disso, os franqueados ficaram convencidos.

Agora, estamos trabalhando um novo projeto com a Proselling, que é o trabalho com o franqueado e, paralelamente, com toda a sua equipe, através de reuniões semanais.

Isso é muito bom, porque às vezes o franqueado também não sabe cobrar os resultados da equipe como a Proselling o faz: veementemente. As equipes serão trabalhadas.

No projeto, até aqui, tivemos 30 lojas trabalhadas pela Proselling que cresceram em média mais de 10% ao ano, enquanto as 150 que ficaram de fora cresceram no máximo 5%.

Tudo tem que ser construído de cima para baixo, tem que ter todo mundo lá em cima convencido, com tempo disponível e produtivo, e passando abaixo os valores e comportamentos aprendidos.

A Proselling nos ensinou muito e continua ensinando!

Uma parceira para a vida toda!

Capítulo 5

Unispark

"O SUCESSO NA OPERAÇÃO DE UMA UNIDADE FRANQUEADA NÃO ESTÁ NA INOVAÇÃO DOS SEUS PROCESSOS, MAS NA PLENA EXECUÇÃO DOS JÁ TESTADOS E CONSAGRADOS."
PROSELLING

① BILLY - PARTE 1: NÃO VAMOS BATER A META!

Três semanas sem reunião com o Billy, com essa história de carnaval. Até quando é que esse país vai parar inteiro por causa de uma festa? Quem trabalha com metas não gosta de feriados, a não ser quem vive do turismo, é claro.

"Billy, Billy, um minuto atrasado... cadê você? Como estão as coisas?"

Eu me levanto, faço um café e pego uma garrafa de água. Metas e ansiedade no mesmo nível: a mil!

Sento-me novamente, e do outro lado, o Valber já está comigo. Ele é sensacional, com inteligência comercial, e participou das últimas reuniões comigo. Está me ajudando a transformar o time comercial do Billy em LEOAS. Nosso time tem competências complementares, e quando o assunto é salvar um cliente, não medimos esforços. O Billy entra na videoconferência.

— E aí, Billy? Tudo bem? Conte as novidades.

O Billy olha para baixo, respira fundo e engole seco, com cara de poucos amigos.

"Ai, meu Deus..."

— Alexandre... – ele diz, olhando para a tela e balançando levemente a cabeça para a esquerda e para a direita.

— O que foi, Billy?

Ele respira mais uma vez.

— Ferrou, Ale!

— Como assim, Billy?

— Não vamos bater a meta, Alexandre!

— Mas como assim, Billy?

"Cadê a minha água? Meu Deus do Céu!"

Eu tomo um gole para acalmar os ânimos, antes de me deixar atingir por qualquer negatividade ou pessimismo.

— Alexandre, eu acho que o pessoal da faculdade nos deu uma meta inatingível, a gente não vai conseguir.

— Sei...

— Eu não sei, Alê, se eles erraram no cálculo, mas está todo mundo desesperado aqui.

— Todo mundo quem, Billy?

— Eu conversei com outros donos de polos e ninguém está conseguindo atingir a meta.

— Sei...

— A gente não vai conseguir atingir a meta, Alexandre.

Eu respirei fundo e me posicionei mais à frente da câmera, para que ele me visse bem.

— Billy!

Ele me olha.

— Você vai conseguir bater!

— Não, Alê, não vamos. Falta muito!

— Calma, Billy. Vamos fazer as contas.

Ele me olha desconfiado.

— Diga, Billy, quanto falta?

— Ah, faltam 320, Alexandre, para as três unidades.

— Espere aí, Billy, vamos fazer a conta.

Billy respira fundo e fica alguns segundos em silêncio.

— Quantos dias nós temos para cumprir a meta, Billy?

Ele olhou no calendário.

— Até lá, 15 dias, Alexandre!

— Vamos ver quantos dias úteis.

Agora eu olho no calendário, excluindo os finais de semana e feriados.

— Oito dias úteis, Billy!

Ele suspira e abaixa a cabeça.

— Com esse número, significa que ao invés de fazer uma matrícula por dia, você vai ter que fazer quatro.

— Pois é, Alexandre, está vendo? É impossível!

— Billy, você já fez quatro matrículas por dia alguma vez?

— Não, nunca!

— Então, Billy, agora nós vamos fazer!

Ele me encara sem dizer uma palavra.

— Billy, chama toda a equipe aí na sua sala.

Ele continuou me olhando, como se não estivesse acreditando.

— Pode chamar, Billy, eu espero!

Ele se levanta e sai da sala. Enquanto isso, eu pego mais café. Dou uns passos em minha sala, já imaginando tudo o que vamos fazer para mudar esse cenário de derrota.

"Ninguém vai perder aqui!".

Eu me sento novamente.

Billy volta com a sua gerente, a Paula, e as meninas de vendas: a Desirée, a Andressa e a Jaque.

Quando todos se acomodam em algum lugar da sala, fazemos os cumprimentos todos e eu começo.

— Gente, eu quero contar uma história verdadeira para vocês.

Todos me olham, sem dizer nada.

— Eu corri uma maratona no ano passado.

Eles me encaram atentamente.

— Para correr uma maratona é preciso um tempo de preparação. Eu me preparei durante seis meses e confesso: foi muito chato treinar!

Billy e as meninas dão um leve sorriso com a minha confissão.

— Sabem por quê? Na primeira semana, você dá alguns tiros e corre cerca de dez quilômetros...

— Dez quilômetros na primeira semana, Alexandre? Eu ia precisar de seis meses para conseguir correr dez quilômetros – a Desirée comenta e todos riem.

"É bom, assim ameniza a tensão".

Eu solto um sorriso e continuo.

— Na segunda semana, já no treino longo, você aumenta para 11 quilômetros. Na terceira semana, aumenta para 13. E você vai subindo, até chegar no penúltimo treino, quando você tem que correr sozinho 35 quilômetros, em preparação para a maratona, que são 42.

— Nossa. Cansa só de imaginar – comenta a Paula.

E eu continuo.

— Resumindo: esse período de treino é o mais chato.

Eles me olham em silêncio e eu prossigo, com tom de voz forte.

— A pergunta que você deve se fazer, quando decide correr uma maratona, é: eu realmente quero treinar? Porque se você tiver treinado direito, você corre. Sem volume de treino, você não termina a prova.

Billy respira fundo e cruza os braços. Olha para as colegas e volta a olhar para mim.

— Bom, então eu me preparei e treinei por seis longos meses. E finalmente chegou o dia da prova.

Silêncio absoluto.

— Eu estava muito emocionado. Eu me sentia feliz, realizado, motivado, empolgado, um vencedor. E nem tinha começado a correr ainda. Se eu me permitisse, sairia pulando e correndo igual a um louco, de tão feliz que eu estava.

Todos riram.

— Quando deu a largada, eu sobrava. Eu não cabia em mim mesmo. Estava cheio de gás, força, energia, e acreditava que poderia chegar até em primeiro lugar, se quisesse.

— Nos primeiros quilômetros, eu tive que me controlar muito para ir devagar. Meu entusiasmo era tanto que, se eu não me controlasse, sairia correndo, ultrapassando Deus e o mundo.

Risos. Todos se movimentam nas cadeiras e o Billy descruza os braços.

"Ufa".

— Eu estava leve, meus braços, pernas, tudo estava muito leve. Estava tudo fácil.

Eles param de rir e voltam a atenção para minha história.

"Acho que estão gostando".

Eu prossigo.

— Passados os primeiros dez quilômetros, que normalmente é uma quantia considerável, eu percebi que continuava ótimo, nem senti o tempo passar. Não cheguei nem a suar. Vocês acreditam? O meu entusiasmo estava me deixando mesmo muito forte ou muito iludido.

Risos e gargalhadas altas.

— Quando eu cheguei ao quilômetro 21, foi muito tranquilo. A sensação que eu tinha é que foi a prova de meia maratona mais rápida e mais tranquila que eu tinha feito na vida.

— Parabéns – diz a Andressa.

Eu agradeço com um sinal com a cabeça e volto para a história.

— Eu estava correndo num ritmo um pouco abaixo do que eu estou acostumado a correr, porque eu sabia que eu tinha que reter energia, para terminar o total de 42.

Observo os olhares atentos dos colegas e prossigo, sem perder o fôlego.

— Só que existe uma coisa, que todo mundo conhece, na corrida da maratona, que são os 30 quilômetros!

— Ah, já ouvi falar – diz o Billy.

Eu concordo com o pescoço.

— Então... quando você chega aos 30 quilômetros é como se abrisse um muro na sua frente.

— Como assim? – pergunta a Paula.

— O seu próprio organismo começa a dizer "você está me fazendo mal", "para de correr"... O seu corpo obriga você a parar de correr, a perna fica pesada, o corpo muda de comportamento, a corrida começa a ficar nociva ao seu corpo.

— Eu não sabia – diz Andressa.

— Por isso, grande parte das pessoas que treinam para a maratona chega aos 30 quilômetros e para. Elas não conseguem vencer o muro.

Todos continuam me olhando.

— E sabem o que isso tem a ver com a gente?

Eles despertam da história, se movimentando nas cadeiras. Eu continuo falando.

— A impressão que eu tenho aqui é que a gente está passando exatamente pelo muro.

Billy respira fundo.

— A sensação que eu tenho é que a gente veio bem para caramba até aqui. Batemos a primeira meta, a segunda e a terceira. Mas agora estamos batendo no muro.

Ouço várias respirações profundas ao mesmo tempo.

"Agora finalmente perceberam aonde eu queria chegar".

— Gente... nós estamos trabalhando nisso desde outubro. Quando a gente passa pelo muro e olha para frente, a gente pensa "ainda faltam 12", mas quando a gente olha para trás, a gente pode ver os 30 que se passaram super bem.

— Uau, o muro do carnaval – o Billy solta.

— E aí, você continua correndo.

Reparo nos semblantes dos colegas, que agora mudaram totalmente, comparando com o início da reunião.

"Continue, Alexandre, não perca ninguém de vista!"

— Eu me lembro que eu senti um calafrio no meu corpo inteiro, as minhas pernas começaram a pesar, o meu batimento cardíaco começou a subir, o que até então estava estável.

— Hum – a Paula solta e apoia os braços na cadeira.

— Dos 30 aos 38 quilômetros, eu fui relativamente estável, mas quando chegou lá, me deu uma vontade louca de parar. Eu não conseguia mais beber água, me dava enjoo. Eu sabia que meu corpo precisava de água, mas eu não conseguia, e ainda faltavam quatro quilômetros. Eu queria vomitar e me deitar no chão.

— Nossa, que história – diz a Paula.

— Meu corpo inteiro doía, bolhas nos pés, câimbra nas duas pernas, eu sentia o sal em todas as partes do meu corpo, mas só faltavam os quatro quilômetros.

— E você conseguiu? – perguntou a Claudia.

"Essa história sempre me fascina e impressiona aos demais".

Eu sorri e continuei.

— Aí, eu lembro que tive de subir uma ponte e ela foi a parte mais difícil da prova para mim.

— Ainda tinha uma ponte para ajudar, Alexandre? – a Desirée brinca e todos riem.

Eu sinalizo com o pescoço que sim, mas prossigo.

— Depois que eu venci essa ponte, peguei a descidinha dela e segui com meu trote. Tudo em mim dizia que eu não iria conseguir, mas eu continuei. Olhei para a frente e pensei "nossa, deve faltar um quilômetro ainda, como está longe", mas eu continuei correndo, controlando e administrando a minha respiração, a energia, e tentando comer sal para não cair a minha pressão.

— Minha nossa senhora, Alexandre, termina logo essa história, pelo amor de Deus – o Billy comenta aflito.

— Quando cheguei ao ponto dos últimos 200 metros, eu ainda consegui dar uma acelerada e chegar zerado de energia. Minha vontade era cruzar a linha e cair deitado no chão.

— Você caiu? – a Andressa pergunta.

Eu soltei um sorriso.

— Não... Quando você cruza a linha de chegada, você sabe, para a sua vida inteira, que você conseguiu e chegou lá.

— Parabéns, Alexandre! – comenta a Andressa.

— É, parabéns, Alê! – o Billy diz.

Eu agradeço, balançando a cabeça, e encaro um a um na videoconferência.

— E é isso pessoal, dos 14 dias que faltam, tem oito dias que são úteis. A gente já passou pelo muro, e vocês estão achando que não dá, só que esses oito dias são essenciais, são os 12 quilômetros que faltam, sendo que a gente já correu 30. Vocês vão desistir?

Eles se entreolham.

— Vocês vão pegar tudo o que já fizeram até agora e simplesmente desistir?

— Acho que não, Alexandre – o Billy responde.

— Vamos ver as metas de novo, gente?

— Vamos lá! – o Billy fala com voz renovada.

Eu olho para as colegas e pergunto diretamente a elas.

— O que vocês ganham, se baterem a meta, meninas?

— Se bater essa meta, Alê, a gente ganha mais 200 reais – a Desirée explica.

A Claudia levanta o braço e acrescenta.

— Além disso, tem a meta do acumulado, que se a gente fizer, ganha mais 300 reais.

— E, além disso, tem mais: a meta que eu falei, que vou pagar se vocês alcançarem a meta da faculdade, lembram? – eu questiono.

Eram tantos pontos, que quando vimos, estava dobrando os salários delas.

"Só que se vocês não baterem, ninguém ganha nada".

Deixei a métrica clara e continuo provocando.

— E aí, vamos bater ou não vamos?

— Vamos!

Eu finalmente ouço em uníssono.

"Viva".

— Precisamos de quatro matrículas por dia, o que significa que cada uma de vocês tem que fazer uma por dia.

— Ok – a Paula diz.

— Vamos verificar o *pipeline*? Temos base? – eu pergunto.

"Lembrando o que é *pipeline*. O termo é como um "funil de vendas". A tradução literal para o português é "oleoduto" ou "cano", e demonstra que uma venda só é concluída após uma série de processos. *Pipeline* nada mais é do que o mapeamento dos processos de vendas, passo a passo. Um a um.

Cada etapa do *pipeline* tem sua particularidade, e na maioria dos casos é aí que as equipes de vendas se perdem.

Sem terem controle da etapa em que se encontra a negociação, perdem prazos ou deixam de realizar ações que farão toda a diferença para fechar os negócios.

Isso porque cada fase do funil exige do vendedor uma série de atividades. Na pré-venda, por exemplo, ele precisa qualificar seu cliente ao máximo antes de abordá-lo. Durante a venda, existe a necessidade de retorno para levar o cliente a tomar sua decisão pela compra. E, no pós-venda, a análise de satisfação, extensão de relacionamento e até mesmo a prospecção de novos clientes através de indicações.

A quantidade de etapas varia de acordo com o seu *pipeline* e tipo de negócio. No caso do Billy este processo estava sendo interrompido por falta de acompanhamento, o que melhorou muito depois que a Proselling entrou no processo, pois ensinamos e cobramos o acompanhamento de cada etapa do *pipeline*".

— Temos mais de mil – a Claudia responde, olhando em um de seus papéis que tem nas mãos.

— Então está ótimo! Vários *prospects*.

"Lembrando o que é *lead* e o que é *prospect*. A diferença entre um *prospect* e um *lead* está no perfil do possível cliente. Qualquer pessoa interessada pode se tornar um *lead*, afinal, basta preencher um formulário. Mas nem todo *lead* irá se tornar um *prospect*. Um *prospect* é um potencial cliente qualificado, que deve se adequar aos critérios do que está sendo vendido".

— O que está mais quente na base? – eu peço que abram a tela do sistema para que possamos avaliar as oportunidades juntos.

Isso é algo que geralmente a gente olha de trás para frente.

— Quem são os que vocês têm de ligar primeiro? – pergunto.

Ninguém responde.

— Os últimos, os que chegaram a pegar o boleto para pagar e por algum motivo não pagaram e desistiram. Eles são a cereja que falta no bolo, gente.

— É verdade – a Desirée concorda.

Eu continuo o raciocínio.

— O cara já passou por todo o processo, e é normal que, ao final do *pipeline*, ele se sinta inseguro e desista.

Elas concordam com a cabeça, e já vejo alguns movimentos nas cadeiras.

"Estão acordando para a oportunidade!"

— E qual é o trabalho da equipe de vendas neste ponto? Colar em quem estacionou. Tem que mostrar para a pessoa que ela está tomando a melhor decisão em se matricular na faculdade, que vai mudar a vida dela.

A Paula sorri e seu corpo agora está ereto, como que revigorado em sua nova posição na cadeira.

— Tem que fazer a pessoa voltar para o sonho dela. Ela não quer fazer uma graduação ou pós-graduação para adquirir conhecimento e mudar de vida? É aí que a gente entra, meninas!

Billy suspira aliviado, finalmente enxergando a luz no fim do túnel.

— Como a vida dessa pessoa vai melhorar com uma profissão? Ela não está comprando um curso, mas os resultados do curso na sua vida quando estiver formada. Está comprando um *upgrade* de vida, gente. São esses argumentos que trazem o propósito para cada um.

— Isso! – afirma Billy com brilho no olhar.

Eu continuo.

— Então, a gente começa com as pessoas do boleto. Como na *Internet*, quando a gente compra algo, chega a preencher tudo e depois desiste da compra no final. São essas pessoas que a gente vai focar, em primeiro lugar.

— Faz todo sentido – o Billy acrescenta.

— Depois disso, vamos até as pessoas que se inscreveram e disseram que queriam receber o boleto, mas não chegaram a pagar.

— Ótimo – a Paula diz.

— Depois, vêm as pessoas que passaram no vestibular, mas ainda não tomaram a decisão, se vão estudar ou não.

Estruturamos a sequência das pessoas a serem abordadas nos oito dias seguintes.

Pegamos a listagem e separamos para cada pessoa da equipe, quem iria ligar para quem, e a gerente acima, coordenando tudo.

— Billy, a partir deste momento, eu quero um *report* diário, não é mais semanal. Você vai falar comigo diariamente, para me passar o número de matrículas. Nós vamos bater a meta!

O Billy sorri.

— Nós não vamos deixar passar 15 dias para você me dizer o que acontece. Todo dia eu quero que você me conte.

— Ok, de acordo, Alexandre.

Acabamos a reunião. Todos concordam que vamos conseguir.

Eu me despeço, me sentindo entusiasmado com o aproveitamento da reunião. Agora é com eles.

"Olha o estrago que o feriado de carnaval pode fazer, meu Deus do céu... amanhã eu continuo. Cadê meu café?"

② BILLY - PARTE 2: COMO TUDO COMEÇOU

Eu estou no meio de um treinamento de Venda Consultiva numa universidade, com vários participantes de várias áreas e locais do Estado de São Paulo. É uma sala razoavelmente grande, mas como tem muita gente, parece até que é pequena. Começo com um forte embasamento teórico, mas para ganhar o respeito de um time, eu sei que não adianta falar, tem que provar!

— Pessoal, o que é a Venda Consultiva?

Silêncio.

— Venda Consultiva é uma metodologia de abordagem de vendas que está entre as mais difundidas no mundo. É preciso saber vender o produto. Numa venda simples, falar de oportunidades costuma ser o suficiente para convencer o cliente a adquirir seu produto.

A plateia continua em silêncio.

— No entanto, conforme a venda vai ficando mais complexa, é preciso tornar mais clara para o *lead* a percepção do valor que a sua solução vai entregar. Por isso, você deixa claro para o cliente as consequências da não resolução do problema, do que ele tem a perder caso não conte com o apoio de sua empresa. Assim, trabalhando a Venda Consultiva, o vendedor mostra como os benefícios do produto justificam um investimento de alto valor.

Os olhares atentos a mim demonstram o quanto este tema é importante. E eu continuo, empolgadamente.

— Quando falamos em Venda Consultiva, nos referimos a uma metodologia de abordagem de vendas que segue as seguintes etapas: situação, problema, implicação e necessidade de solução. Foi constatado que vendedores com resultados acima da média faziam muitas perguntas aos clientes. Mas não é só esse o segredo para uma alta taxa de conversão em vendas. É preciso fazer as perguntas certas.

É claro que no início do treinamento é normal o silêncio ser maior, por isso eu sempre parto para a prática, pois posteriormente a interação já se torna maior.

— Gente, vamos fazer algumas ligações ao vivo, para vocês entenderem, de verdade, como a Venda Consultiva funciona.

Todos me olham surpresos.

"Esta é uma parte do treinamento que eu adoro, apesar de sempre dar um frio na barriga. Eu me sinto saltando de um trapézio para o outro sem rede de proteção. Tem que dar certo!"

Eu pego uma lista de *prospects*, previamente solicitada, me sento bem à frente do palco, onde todos podem me ver e disco um número da lista.

— Gente, eu vou colocar no viva-voz e peço silêncio total, ok?
O silêncio já se instala com vários olhares curiosos.
O celular chama.
— Alô.
— Alô, bom dia, você é a Mariana Lopes?
— Sim, sou eu, quem é?
— Olá, Mariana, meu nome é Alexandre, eu falo da Universidade Unispark, tudo bem?
— Oi, Alexandre, tudo bem e você?
— Tudo bem, obrigado. Então, Mariana, eu estou vendo aqui, que você quase se matriculou em um de nossos cursos e eu gostaria de falar com você para ver se há como ajudá-la, tudo bem?
— Ok.
— Então, me diga, por gentileza, o que fez você escolher o curso de enfermagem?
— Ah, eu adoro ajudar pessoas, Alexandre.
— Entendo. Mas o que você faz hoje?
— Hoje trabalho num órgão público, aqui em São Luís, no Maranhão.
— Entendi sua situação.
— Mas por que o interesse em fazer uma pós-graduação, se você já está empregada?
— O problema, Alexandre, é que não gosto muito da área em que estou. Estou interessada em fazer um novo concurso, mas preciso de uma especialização que não tenho.

— Entendi sua situação.

— E por que não gosta? Conte um pouco mais?

— Estou em uma área burocrática. Fico cuidando de papéis e processos, quando na verdade eu gosto de gente. Além disso, tem outro detalhe.

Mudo meu tom de voz para mostrar empatia.

— Todo detalhe é importante, Mariana, quero saber, sim – respondo, para encorajá-la a abrir seu coração.

— Tenho chance de ganhar o dobro e até o triplo se eu entrar nesse concurso.

— Uau, Mariana, é um detalhe que importa para muita gente, respondo com irreverência, me preparando para iniciar as perguntas de implicação.

— E há quanto tempo você sabe desse concurso, Mariana?

— Já estou de olho nele há dois anos.

— Caramba, Mariana, significa que se tivesse entrado nesse concurso há dois anos, teria trabalhado mais feliz por dois anos e ajudado um monte de gente.

— Isso mesmo, teria me poupado muito sofrimento – diz ela com riso na voz.

— E, além disso, quanto dinheiro você deixou de ganhar?

— Ai, Alexandre... uns 3.000 a mais por 24 meses teria dado... Pausa enquanto faz conta.

— Meu Deus! 72 mil reais! – responde ela em tom de indignação e continua.

— Eu nunca tinha feito essa conta.

Aqui entra a necessidade de solução.

— Então, Mariana, pelo que eu pude entender, o seu sonho é ser enfermeira, hoje você faz algo que não gosta, há dois anos você procrastina essa decisão e, além de ter jogado tempo fora e deixado de ajudar muita gente, você ainda perdeu a oportunidade de ficar 72 mil reais mais rica. É isso?

— Sim, responde ela, num misto de concordância com desapontamento.

— Então, entendo que a falta do curso de pós-graduação em enfermagem é o que está impedindo você de dar esse passo. Diga, por que você não pagou o boleto ainda?

— Eu não sei, Alexandre, acho que eu estava esperando me decidir de verdade. Mas me diga, como faço para começar o mais rápido possível?

— Bem, ainda dá tempo, vou mandar a você o boleto com o vencimento atualizado por *e-mail*, mas preciso que você pague na data, para garantir o preço que está nele. Ouvi falar sobre aumento no valor da mensalidade, já no mês que vem.

— Nossa, melhor eu correr. Mande agora para mim, se puder, e muito obrigado pelo seu tempo. Foi importante.

Quando eu terminei a ligação, a plateia bateu palmas. "Por dentro eu me dizia: ufa..."

"É algo tão simples, mas feito com amor. Simples, assim".

— Obrigado, gente, obrigado. Mas ainda não acabou.

Eles se sentam e voltam ao silêncio anterior rapidamente.

Eu repito o processo com mais três ligações e efetuo mais três matrículas. Tudo não durou nem 30 minutos, considerando as ligações que ninguém atendeu ao telefone.

No fim da última ligação, as pessoas começam a assoviar, aplaudir e falar ao mesmo tempo, fazendo perguntas e elogios.

Terminamos o conteúdo e vamos para o *coffee break*.

Nesse intervalo, um homem vem falar comigo e me pede dez minutos para conversar com urgência. Vamos para um canto da sala.

— Obrigado por me atender, Alexandre, mas eu preciso que você me ajude.

— Billy, né? Claro, Billy, como eu posso ajudá-lo?

— As minhas vendas não estão boas. Eu preciso melhorar, Alexandre.

— Que ótimo, Billy. Nós podemos ajudar você.

— Eu quero contratar a sua empresa, para me ajudar com as matrículas dos meus polos de faculdade.

— Conte-me, Billy, como é o seu negócio? Fale um pouco de você.

— Então, Alexandre. Para falar de mim, primeiro eu vou ter que falar um pouco do meu pai e da minha família.

— Sem problemas, Billy. Quanto mais eu puder entender, melhor.

— Meu pai é dono de uma escola de cursos de enfermagem.

— E você trabalha com seu pai, Billy?

— Não, mas pela influência dele na área de educação, uma faculdade entrou em contato comigo, me oferecendo alguns polos, uma espécie de franquia.

— E isso foi quando?

— Há dois anos.

— Eu montei três polos dessa faculdade, em diferentes locais. Nesses polos acontece a administração, captação de matrículas e elas servem como locais para provas e vestibulares. Mas os cursos são EAD (Educação a Distância).

— Entendi. E você precisa de mais captação de matrículas, Billy, seria isso?

— Sim, urgente. Nós estamos indo bem mal, Alexandre.

— Como assim, Billy?

— Nós temos essa escola da família e no momento é ela que banca os três polos da faculdade, porque eu não consigo fazer matrículas o suficiente para elas andarem com as próprias pernas.

— A sua escola está há dois anos sustentando os polos, seria isso, Billy?

— Sim.

— É, realmente precisa de ajuda. Mas eu tenho uma boa notícia para você, Billy.

— O que, Alexandre?

— Vamos tornar seus polos independentes, mas primeiro nós vamos ter que marcar uma reunião, por videoconferência, com alguns dados que eu vou precisar, quero que você me passe. A gente precisa de mais tempo e mais informação para fazer um projeto para você.

— Claro, claro.

Havia ainda muitas pessoas do curso me aguardando ao nosso redor. Eu e o Billy trocamos cartões de visita e nos despedimos ali.

Eu corro para tomar um café.

"Sem café não dá".

③ BILLY - PARTE 3: A PRIMEIRA REUNIÃO

Após uma troca de *e-mails* com informações importantes e a proposta trabalhada especialmente para o negócio do Billy, finalmente íamos começar a melhorar a sua situação de vendas, que, diga-se de passagem, estava péssima.

Billy tinha jeito para os negócios, mas não estava atuando de forma eficiente com a área mais importante: vendas!

Eu termino de preparar o meu café e fecho os olhos, sentindo o cheiro e o vapor em meu rosto.

"Ah, como eu amo o que eu faço".

Ajudar as pessoas a melhorar seus negócios se tornou algo natural para mim. Por isso o sucesso da Proselling. Fizemos mais de 20 mil reuniões *on-line* nos últimos três anos e celebramos cada atingimento de metas. Eu e minha equipe trabalhamos com vontade de ver os outros crescendo e prosperando, somos movidos a depoimentos positivos. Não tem demagogia, tem vontade mesmo, trabalho e uma relação que quase sempre se torna de amizade.

Eu me sento e abro a sala de reunião. O Billy entra logo em seguida.

— Bom dia, Billy, tudo bem?

— Tudo bem, Alexandre, ansioso para nossa primeira reunião.

— Vamos falar mais do seu negócio, Billy.

— O que você precisa saber, além das informações que já enviei por *e-mail*, Alexandre?

— Billy, você tem três unidades e pelo que eu vi aqui, tem a unidade em Taboão da Serra, que me parece que é a que mais vai mal das pernas, correto?

— É, Alexandre, é isso mesmo.

— O que você acha de a gente concentrar o início do nosso trabalho em Taboão?

Billy ri e tosse em seguida, engasgando com o próprio riso.

— Parece interessante.

— Por que você está rindo, Billy?

— Achei que qualquer empresa que eu contratasse preferiria pegar a melhor unidade e não a pior.

— Justamente o contrário, Billy. Onde tem mais problemas há maior potencial de soluções.

— Hum.

Ele me encara sorrindo e cruza os braços.

— Qual é o seu grande sonho, Billy? Conta para mim.

— Como assim, Alexandre?

— Que sonho você tem na vida? O que faz você seguir em frente, trabalhar, se arriscar, o que alimenta sua vontade de continuar? Você no fundo tem esperança, pois me chamou para pedir ajuda. Tem um sonho por trás disso, não?

Ele põe a mão no queixo e fica olhando para baixo, ainda com os braços cruzados junto ao peito. Ele permanece em silêncio por alguns segundos.

"Tomo um gole do meu café, ainda fumegante, enquanto deixo o Billy pensar, sossegado".

Ele bate o dedo no queixo e depois de um tempo, volta a olhar para a câmera.

— Eu quero terminar de construir minha casa, sabe, Alexandre?

— É? Como é a sua casa, Billy?

— Ah, ela é linda, enorme, comprei o terreno num condomínio dos sonhos. Mas está lá, parada, preciso retomar as reformas.

— E o que mais, Billy? Conte-me. Como você imagina a sua casa?

— Imagino móveis novos, muita tecnologia, lazer para meus filhos e para minha esposa, piscina, tudo que se tem direito.

— E o que mais, Billy?

— Eu vou ser sucessor do meu pai, sabe, Alexandre?

Ele volta a colocar a mão no queixo e fica mudo por alguns segundos, antes de falar.

Billy respira fundo. Eu permaneço mudo, respeitando o seu espaço e momento.

— Ele teve muito sucesso até aqui, mas tem idade, precisa de mim e não posso desapontá-lo. Quero ser um orgulho para ele, Alexandre. Eu não acho que estou sendo agora.

Ele abaixa a cabeça por um instante.

— Isso vai mudar, Billy.

— Vai chegar um momento, Alexandre, em que eu vou ser responsável por tudo. E o meu sonho é que tudo esteja indo bem, não como está agora, com uma escola sustentando o resto.

— E o que mais, Billy?

— Você acha pouco, Alexandre?

— Não, só acredito que deve ter mais coisas.

— Sim... eu quero poder proporcionar mais à minha família. Mais conforto, férias, viagens, segurança.

— Uma vida melhor?

— É, Alexandre, estabilidade, segurança e bem-estar.

— Estamos juntos, Billy!

Ele suspira e sorri.

— Com todos os dados que você me passou, eu já pude fazer as contas de quanto cada unidade gasta e quantas matrículas cada unidade precisa fazer por mês, para que cada uma se torne autossustentável.

— Eu não tinha pensado em fazer essa conta antes, Alexandre.

— Não tem problema, Billy, nós já fizemos para você. E a partir de agora, essa conta vai estar sempre na sua cabeça.

Ele ri.

— Nós calculamos também o tempo de retenção que você precisa ter dentre esses alunos.

— Verdade... Alexandre, esse ponto é muito importante.

— Sim, porque não adianta nada você bater a meta com o número de matrículas, se não puder reter esses alunos, certo?

— Certíssimo.

— Vamos lembrar então, Billy.

Billy não se move, como se estivesse com medo de ouvir os números.

— Billy, qual a meta que a universidade coloca para as suas unidades?

— Umas 50 matrículas por mês, para cada uma das minhas unidades.

— Alguma vez você atingiu ou chegou perto disso?

Ele respira fundo e engole seco.

— Não, Alexandre.

Silêncio.

— Eu fiz alguns cálculos aqui, Alexandre.

— Quais, Billy? Fale para mim.

Billy mostra vários cálculos voltados para as finanças. Corte de custos, *budget*, ativos e passivos e outros.

— Legal, Billy, mas você está falando de finanças. Cadê a parte que nós vamos aumentar suas vendas?

Billy fica calado.

Fica claro o seu perfil em finanças, o que não é ruim, mas está na hora de desenvolver o seu lado de vendas. Billy está orientado a trabalhar processos, enquanto a Proselling está orientada a desenvolver pessoas antes. Esse é o foco do MACPRO.

"Com o tempo, o Billy terá esta visão também".

O que acontece com a pessoa com esse perfil é que consegue enxergar na teoria o que deve ser feito, ela foca em informações, enquanto quem se concentra em pessoas foca em ações. Pude perceber que o Billy sabia levantar bem seus dados, em seguida ele informava a sua equipe e acreditava que os resultados surgiriam a partir dali.

Ledo engano. Mesmo com uma boa equipe é preciso orientá-la com ações, as pessoas precisam entender o que é prioridade. Além disso, é fundamental acompanhar, pois as pessoas mostram atuação e motivação no que se inspeciona e não no que se espera. Só depois disso se colhem os resultados.

— Vamos lá, Billy!

Eu faço as contas com alguns dados, que já havia recebido, e vou falando em voz alta. Eu mostro os valores de cada unidade, explorando as despesas fixas, receitas, impostos, repasse à universidade e o que sobra para ele no fim do mês. Continuo explicando ao Billy que mesmo as metas impostas pela matriz não seriam o bastante para ele alcançar seu sonho.

— O que você quer dizer com isso, Alexandre? Que nós temos que subir a meta?

— Exatamente, Billy.

Ele faz sinal de negação com a cabeça.

— Mas, Alexandre, nem a meta atual a gente consegue, como vamos aumentar?

— Você me contratou para ajudar, não é isso, Billy?

— Sim.

— Então é isso que eu vou fazer.

Billy fica em silêncio.

— Sua nova meta é de 70 matrículas por mês em cada unidade.

— Meu Deus do Céu, Alexandre. Como é que eu vou conseguir isso?

— Nós, nós vamos conseguir, Billy!

— A gente tem cerca de 130 alunos, Alexandre, por unidade, vamos mais do que dobrar em quatro meses?

— Pois é, Billy, nós vamos subir bastante.

Eu solto uma risada.

Ele suspira e permanece calado.

— Você está com medo de que eu não esteja sendo realista, Billy?

Ele olha e balança a cabeça.

— É... eu acho que sim.

— Eu venho fazendo este trabalho há dez anos, Billy. E eu posso garantir para você que nós vamos conseguir. Você vai mudar sua maneira de entender o processo de vendas. Além disso, de que adianta perseguir uma meta que não leva você ao seu objetivo?

Billy respira fundo e se reposiciona na cadeira.

— Aumento de vendas, Billy, é a primeira resposta para a solução dos problemas, você trabalha com o sonho do ser humano e sua vontade de realizá-lo.

Billy apenas me olha e permanece em silêncio total.

— Nós vamos a fundo no seu processo, nos seus funcionários e em você, Billy, para buscar o que há de melhor em cada um e descobrir o que pode ser melhorado.

— Fico feliz de ouvir isso, Alexandre.

— É um processo transformador, Billy, só deixe acontecer, confie. Nós estamos juntos agora.

Ele suspira outra vez e bebe um gole de algo que está numa xícara ao seu lado.

— Obrigado, Alexandre, você me faz me sentir animado.

Ele ri.

— Billy, por hoje, eu peço que você se acostume com os números que passei. Abra-se para isso, não foque em pensamentos negativos, como "nós não vamos conseguir", porque nós vamos conseguir!

Ele dá um sorriso de canto.

— Billy, eu agradeço a sua confiança na Proselling e informo que nosso trabalho já começou.

— Percebi, Alexandre.

— Na nossa próxima reunião, eu quero falar com toda a sua equipe.

— Todos quem, Alexandre?

— A sua gerente de vendas, a Paula, e as meninas que fazem a atuação direta com os clientes.

— Ah, ok, mais a Andressa, a Jaque e a Desirée.

— Isso.

— Além disso, eu quero que elas preencham um teste de perfil que vou enviar por *e-mail*. Vamos descobrir qual o perfil comportamental de cada uma delas. Assim saberemos quem tem perfil comercial e deve ficar... e mais importante... que botões devemos apertar para motivá-las.

Eu continuo.

— Billy, saiba que seus números não são difíceis. Se tivermos as pessoas certas, os processos implantados e foco no pipeline, é só trabalhar o volume e a qualidade do trabalho da equipe. E tudo começa a ter resultados diferentes.

— Hum – Billy menciona.

— Billy, sabe aquela frase "insanidade é continuar fazendo sempre a mesma coisa e esperar resultados diferentes"?

— É...

— Até a próxima reunião, Billy.

Eu desligo a videoconferência e vou para o CRM da Proselling registrar as percepções e dados da reunião.

"Muito bem, Alexandre. Grandes desafios pela frente. Não vai ser fácil, mas vamos conseguir. Gosto do Billy, como é bom mudar as coisas para melhor e ainda melhorar a vida de alguém. Ele merece".

Eu me levanto e alongo os braços para cima.

"Hora de mais um café, antes da próxima reunião. Próxima reunião, próximo cliente, próximo sonho..."

④ BILLY - PARTE 4: A SEGUNDA REUNIÃO

Eu abro os dados da última reunião com o Billy, leio, reflito um pouco e deixo a sala de videoconferência ligada. Eu me levanto para fazer o meu café.

"Ah, sem café não dá..."

Escolho um dos tantos sabores que eu gosto e fecho os olhos para sentir o cheiro.

"Eu nem sei se gosto mais do aroma ou do sabor... mas o cheiro do café parece me levar para a infância, para os dias calmos na chácara dos meus pais."

Volto para a minha cadeira e tomo um gole do café. Sinto o cheiro do vapor quente, enquanto observo a minha sala, ao meu redor. Na janela, vejo um passarinho pousar no galho de uma árvore.

"Cadê o Billy?"

Dois minutos se passam e ele entra na conferência com as quatro colaboradoras.

— Bom dia, meninas, tudo bem?

Todas me cumprimentam, bem como o Billy.

— E aí, ninguém tomando café, só eu?

Todos riem.

"É sempre bom quebrar o gelo, lembrar que somos humanos, antes de tudo. Não é preciso trabalhar com rigidez e formalidades, mas com leveza e humanidade. O mundo corporativo tem pecado nisso já há muito tempo".

— Paula, há quanto tempo você é gerente desta faculdade?

— Um ano e dois meses, Alexandre.

— Legal, Paula. Posso perguntar uma coisa?

— Claro, Alexandre.

Ela se ajeita na cadeira.

— Qual é o seu sonho, Paula?

— Meu sonho, Alexandre? Como assim?

Ela se move novamente na cadeira, e fica de boca aberta, olhando para mim.

— Qual o seu sonho, Paula? O que você sonha para a sua vida? O que você pensa em alcançar na sua vida hoje?

Ela ri e abaixa a cabeça, um pouco vermelha.

— É para falar mesmo?

Todos riem.

— Claro, por favor. A não ser que seja algo constrangedor – digo rindo como quem se desculpa. Aí, você não precisa contar, se não quiser.

Gargalhadas. Mas Paula se solta e se sente à vontade para se abrir.

— Meu sonho, Alexandre, é ter uma chácara.

— Legal, fale mais, Paula.

— Uma chácara com piscina e quatro cavalos.

— Cavalos? Sério, que legal, Paula.

Vejo as colegas olhando para ela e sorrindo.

— Eu amo cavalos e sonho com isso todos os dias da minha vida.

— Gostei do seu sonho, Paula. Natureza, animais, liberdade.

Ela sorri de orelha a orelha.

"Todo mundo tem um sonho. E todo mundo adora poder falar de seu sonho".

— E você, Andressa? Poderia me contar qual é o seu sonho?

Ela abaixa a cabeça e dá risada.

— Ai, Alexandre, o meu, eu acho que é bem mais simples.

— Não importa se é simples ou complexo, o que importa é que é seu sonho.

Ela está ruborizada, mas cria coragem para responder.

— Meu sonho é ter um HB20 vermelho, Alexandre.

— Ah, que ótimo, Andressa, já vai combinar com a cor que você está agora.

Todos riem e a Andressa esconde o rosto com as duas mãos, por um momento, e balança na cadeira para frente e para trás, rindo.

— Muito legal, Andressa, já pode ir tirando a carta de motorista, viu?

— Jaque, conte para mim, e você, qual é o seu sonho?

Ela segura a cadeira com as duas mãos embaixo do assento e se inclina para frente ao falar.

— Eu quero ter a minha casa, Alexandre. Ser dona da minha própria casa, hoje moramos de aluguel.

— Viva, Jaque, muito legal!

— Já escolheu onde você vai morar? Pode ir escolhendo o bairro, menina.

Ela sorri e todas curtem seus momentos dos sonhos, uma das outras.

— Falta você, Desirée, não pense que eu me esqueci de você.

Desirée ri e se inclina para a frente.

— Qual é seu sonho de vida, Desirée, conte para a gente.

— Meu sonho, Alexandre, é ir para a Itália e passar um mês conhecendo tudo: as cidadezinhas, as vinícolas, quero comer em vários restaurantes diferentes, aprender a falar um pouco de italiano, beber vários vinhos, comer pizza, tomar sorvete, eu quero tudo...

— Ah, e quer se casar com um italiano também?

Todos riem.

— Ah, pode ser uma boa ideia, vai que...

— É... vai que... – eu repito – preste atenção, viu, Billy?

Eu aguardo o fim das gargalhadas, enquanto tomo mais um gole do meu café.

Com rostos renovados e leves, quando o silêncio é retomado, eu continuo.

— Então, gente, agora, o trabalho da Proselling é justamente colaborar, para que vocês possam realizar os sonhos de vocês.

Sorrisos.

Até este momento acontecer, tanto o Billy como a gerente e as meninas, vendedoras, todos já tinham feito o DISC, que é um teste voltado para identificar o perfil comportamental pessoal e profissional de uma pessoa, mostrando suas características quanto à Dominância, Influência, eStabilidade e Conformidade.

O DISC da Paula mostrou claramente que ela tem perfil de liderança, então ela está na função certa, mas o teste também apontou que naquele momento ela não está exercendo a sua personalidade "original" dentro da empresa. Havia algo atrapalhando...

Durante a reunião que se seguiu, eu pude analisar, através de várias perguntas, o que cada uma fazia, para descobrir se elas estavam agindo de acordo com o perfil, e no caso de não estarem, o que estava ocorrendo para que isso não acontecesse.

No caso da Paula, por exemplo, sua função principal era dar o suporte que a equipe precisava para que as metas de ligações, agendamentos e fechamentos fossem alcançadas diariamente, mas isso não estava acontecendo.

O que ficou claro, nos minutos seguintes, é que todas elas despendiam muito mais tempo em processos administrativos do que propriamente em vendas. Elas tinham tantos processos a obedecer, que eram exigências da matriz, que não focavam no mais importante: as vendas.

Concluímos juntos que cerca de 70% do tempo era para administrar processos, e que somente em 30% do dia elas se dedicavam para as vendas.

— Billy, tem algo muito errado acontecendo na sua empresa.

Billy coloca as mãos no joelho e respira profundamente.

— Eu não tinha me dado conta disso, Alexandre, para mim, era algo normal.

— Pode até ser, Billy, mas aí você fica com o resultado que você tem hoje.

Billy continua com as mãos nos joelhos e suspira.

— O que a gente deve fazer, Alexandre? Nós somos obrigados a seguir os processos.

— Claro! Eu entendo. Mas quando a equipe tem muitas tarefas administrativas, fica difícil focar nas atividades comerciais. O trabalho delas exige concentração e resiliência. Todas as vezes que elas param de ligar para auxiliar um aluno, para tirar uma cópia de um documento, elas perdem o ritmo. E sem ritmo nunca vão bater a meta de *performance*.

— Vamos lá, Billy. Você recebe um cronograma anual de vendas, correto?

— Sim.

— Qual é o seu maior período de vendas e que deve alcançar metas?

— Entre novembro e março, Alexandre, antes do início do ano letivo, mais ou menos na época do vestibular.

— Esses são os meses mais fortes de vendas?

— Sim, e depois, no meio do ano, tem o período de matrículas para o início no segundo semestre.

— Ok.

— Resumindo o que eu entendi, Billy, a matriz já manda para você este ciclo de matrículas dividido em períodos com metas estabelecidas para cada fase, correto?

— Isso.

— O primeiro período dura 45 dias, o segundo dura 30 dias, o terceiro dura 20 e o quarto dura dez dias – complementa a Paula.

— Obrigado, Paula.

— E a abordagem é um pouco diferente, por exemplo, nos meses de dezembro, quando as pessoas estão em período de férias e festas, e janeiro, aí sim, quando as pessoas realmente começam a pensar em estudar e focar no que vão fazer durante o ano – a Andressa explica.

— Legal, Andressa, obrigado.

— Gente, eu agradeço vocês por todas essas informações, porque agora a gente pode repensar a rotina de vocês, como vocês devem trabalhar durante a semana, para distribuir as tarefas e atingir as metas. O fato é que sem foco em vendas nunca vamos alcançar nossos objetivos.

Todos me olham em silêncio.

— Alexandre, eu acho que tenho uma ideia.

— Fala, Billy.

— O que você acha de eu contratar um estagiário, para se responsabilizar pelas tarefas administrativas das vendedoras, para elas terem mais tempo de focar nas vendas?

— Excelente, Billy, excelente ideia, é por aí!

Ele faz sinal de negação com a cabeça, olhando para baixo.

— Como eu nunca vi isso antes, Alexandre?

— Está vendo agora, Billy, é isso o que importa.

— Certo, Alexandre, eu faço isso hoje ainda.

— Ótimo! O mais rápido que puder. Com isso, a equipe comercial pode focar 100% nas vendas.

As meninas respiram e olham uma para as outras, sorrindo. Conseguimos! Acabamos de reestruturar a função das pessoas dentro de uma empresa. Identificamos e eliminamos os gargalos, como explicam Eliyahu M. Goldratt e Jeff Cox no livro *A meta*. Leitura obrigatória para qualquer empresário. De acordo com a Teoria das Restrições, você sempre tem que estar atento aos gargalos. Eles sempre mudam de lugar nos seus processos. E se houver estrangulamento em algum ponto, não adianta. Sua empresa não cresce.

Não é a primeira vez que isso acontece. E é muito bom quando encontramos as respostas juntos. Na verdade, os clientes ficam muito satisfeitos, pois percebem que não estavam usando o potencial e tempo dos seus colaboradores da forma mais efetiva. Estava ali, embaixo do nariz de todo mundo, mas às vezes é preciso alguém de fora para conseguir enxergar.

Finalizando a reunião, e considerando o início do futuro estagiário, definimos uma meta diária, para que todas as metas dentro de todos os períodos pudessem ser alcançadas. Isso facilitava a visão geral do que precisava ser feito, a partir de uma percepção individual e diária, o que não existia antes naquelas unidades de negócios.

— Gente, eu tenho muito a agradecer a cada um de vocês por esta reunião, foi muito produtiva, e agora eu quero deixar uma pequena tarefa para vocês pensarem.

Todos me olham calados.

— Pensem no número de ligações que vocês precisam fazer por dia, para atingir a meta de venda diária. Qual o número de conversão necessário? E calculem isso também para a semana toda. É isso.

— Ok – a Paula responde.

A Desirée se levanta, seguida da Jaque.

— Obrigado, Alexandre. Já vou procurar meu novo estagiário.

— Conversamos na semana que vem, todos juntos, por favor.

FRANQUEADO FELIZ VENDE BEM

Depois da despedida, vejo as meninas saindo da sala, movimento a cabeça sorrindo para o Billy e desligo a conferência.

"Uau... essa foi produtiva, Alê!"

Atualizo os dados no CRM da Proselling, o nosso *software* de gestão, e me levanto para um breve alongamento.

"Seguido de um café, vai... porque eu sou filho de Deus."

5 · BILLY - PARTE 5: REUNIÕES INDIVIDUAIS E A TERCEIRA REUNIÃO

"Ah, que delícia... hora do café."

Hoje eu quero um tradicional: água fervendo, coador, pó... e de novo aquela lembrança de domingo de manhã na chácara, tomando café com meus pais e irmãos, nos preparando para um ócio produtivo. A chácara ficava em Mairiporã. Todos os dias, uma aventura diferente. Saíamos para explorar o pinheiral com suas teias de aranha que grudavam em nosso cabelo e às vezes vinham com o inseto junto, o que provocava gargalhadas em quem acompanhava os pulos de agonia do incauto da vez. Cuidávamos dos cachorros, mergulhávamos de um penhasco em uma pedreira e andávamos de moto. Nesse caso, eu e meu irmão, sempre juntos, aproveitando com muita cumplicidade todos os momentos maravilhosos que passamos juntos. Até hoje somos melhores amigos e nos gabamos disso.

Deve ser por isso que eu gosto tanto de café. Meus pais tomavam todo dia de manhã, como num ritual sagrado enquanto eu observava com meu achocolatado no copão com canudo.

Enchiam a xícara até que o líquido ultrapassasse o limite da borda, desafiando a gravidade, levavam a xícara com maestria e firmeza sem desperdiçar uma gota. Até hoje eu tento fazer isso, mas meu pires sempre toma um pouco de café comigo.

Faz uma semana que falei com o Billy e suas meninas, todos juntos.

Soube que, ontem, elas foram para uma ação externa, em que ficam nas portas dos locais de provas, do Enem ou de vestibulares, e entregam panfletos da faculdade e coletam dados dos estudantes. Essa é uma ótima ação. Captação de *leads*. Vários *leads*: tem que encher a "boca do funil".

Ação! Isso é importante!

A cada momento, temos que trabalhar pontos diferentes do pipeline de vendas. Por isso, precisamos dos dados atualizados. O grande desafio é conseguir que vendedores preencham os relatórios. Ou as pessoas são intuitivas e simpáticas ou são organizadas e perfeccionistas. Não dá para esperar que alguém seja perfeito.

Durante esta semana que passou, tive duas reuniões individuais, com a Paula e com o Billy.

Por quê?

O resultado de cada DISC mostrou que não só a Paula estava dentro do perfil comercial, mas toda a equipe, inclusive o Billy. Porém, no DISC da Paula, a gente pôde perceber que alguma coisa não estava coerente, porque ela não estava conseguindo agir profissionalmente de acordo com o seu perfil pessoal.

O DISC é uma ferramenta fantástica, pois, mesmo antes de falarmos sobre este ponto, foi possível perceber que a gerente tinha liderança para sua função, mas não estava conseguindo exercê-la, e por isso, sua equipe ficava meio solta. Usamos a ferramenta da Pratic Talentos, que graças ao excelente custo-benefício, nos permite abusar de avaliações de perfil.

Numa conferência em particular com a Paula, e com poucas perguntas, foi possível perceber que ela estava agindo de forma um pouco agressiva com suas meninas. E, pela falta de resultados, o Billy fazia o mesmo com ela. Quando uma pessoa dominante como a Paula não consegue "dominar", ela se fecha e abre mão da liderança. E nós tínhamos que reverter esse ciclo em algo positivo.

— Sabe, Paula, é importante você fazer um *feedback* positivo com as suas meninas.

— E como você sugere que seja, Alexandre?

— Toda vez que você tem que dizer para uma pessoa que ela tem que melhorar em alguma coisa, você deve seguir o seguinte processo...

Ela me olha com atenção e vontade. Eu prossigo.

— Você chega para a pessoa e diz: "Meus parabéns, eu estava analisando o seu trabalho e você é muito boa nisso". Você tem que fazer um elogio para essa pessoa, não importa que tipo de elogio, mas você precisa começar por um *feedback* com um elogio.

— Tá – balbucia Paula, acompanhando o meu raciocínio.

— E aí, você tem que dizer para a sua colaboradora como ela pode melhorar, sem usar a conjunção "mas".

— Sério, Alexandre?

Ela me olha de boca aberta.

— Seríssimo, Paula.

— Mas como, Alexandre?

— Veja bem: "mas" anula tudo o que você disse de positivo antes.

— É verdade, Alê, mas é difícil não usar.

Eu tomo um gole de café e continuo.

— Imagine que você põe uma roupa linda para sair, leva horas se arrumando, se maquiando, combinando o sapato com os acessórios e tal. Aí, seu namorado comenta: "Nossa, você está linda, mas se você estivesse com aquele outro sapato, estaria melhor".

A Paula ri e faz sinal de negação com a cabeça.

"Acho que ela se lembrou de alguma coisa".

Eu solto um sorriso e dou continuidade ao meu exemplo.

— Qual seria sua reação com a conjunção "mas"? Você provavelmente iria pensar "poxa, eu levei um tempão para me arrumar, combinar tudo, e o cara vem criticar o sapato?" Você sente que essa conjunção "mas" anulou o elogio.

— Hum, é verdade.

— Você pode ficar tão irritada que acaba mudando tudo: o sapato, a roupa e até a maquiagem. Você sente que não foi reconhecida pelo trabalho que teve, se arrumando e prestando atenção a cada detalhe.

— Então, qual é o jeito certo, Alexandre?

— Em vez de você falar "mas", você diz: "Nossa, eu amei a sua roupa, e quando você colocar com aquele sapato, que eu também acho lindo, você vai ficar arrasadora".

A Paula se mexe na cadeira e sorri de orelha a orelha.

— Uau.

— Entendeu, Paula?

Ela ri.

— Sim, faz toda a diferença.

Então eu vou ao nosso ponto.

— E com as suas meninas é a mesma coisa. Você diz: "Olha, eu gostei do jeito que você está fazendo as ligações, e se em vez de dez ligações por dia você fizer 20, eu tenho certeza que você bate a meta diária. E é assim, com um dia de cada vez, que vai realizar o seu sonho".

— É incrível, Alexandre.

— Sim. Assim você diz para a pessoa que ela está com uma produtividade baixa, sem destruir a autoestima dela. E ela sai motivada para fazer o que você sugeriu, porque veio em forma de elogio.

Essa é a técnica do *Feedback* Positivo. Sempre funciona. É uma ferramenta essencial para trabalhar positivamente as pessoas, que são o ponto principal de qualquer empresa.

Pontos de mudança de comportamento são delicados, mas estritamente necessários em casos como este e que fazem grande diferença quando melhorados. Billy e Paula são bons exemplos disso: mais bem orientados, e de maneira sutil, são capazes de melhorar significativamente o ambiente de trabalho, a relação entre todos eles, afetando direta e positivamente nos resultados.

Com o Billy, tive que abordar também uma forma de comportamento com cobrança e dando liberdade de ação.

— Billy, você precisa mudar sua estratégia com a Paula.

— E como eu faço isso, Alexandre?

— Não adianta dizer o que ela não deve fazer e nem como deve fazer. Ela tem alta dominância. Apresente um desafio. Ela se sentirá estimulada. Ainda mais se você disser que não tem certeza se ela vai conseguir.

— Hum.

— Acho que você tem razão, Alê.

— E participe mais, Billy. Ela precisa sentir que você está a par de tudo. Sua função é mostrar onde ela deve focar.

— Você tem razão, Alexandre, eu percebia que eu advertia, e que a desmotivava assim. Mas não tinha ideia de que havia outro modelo de cobrança. Aliás, nunca imaginei que cada pessoa respondesse a estímulos iguais de formas diferentes. Começo a ver as coisas de outra maneira agora.

— Que bom que está enxergando, Billy. Vai fazer toda a diferença. Saber "apertar o botão certo" das pessoas é sua principal função como líder.

— Pode contar com isso, Alê.

A Proselling acaba atuando no ambiente de trabalho, ou cultura organizacional, pois é capaz de mudar o comportamento de cima para baixo, modificando e melhorando as pessoas, nesta ordem. É um processo lindo de se vivenciar e fazer parte dele! É extremamente gratificante assistir à essa transformação!

"Nossa, que horas são?"

Eu já terminei o café e eles ainda não entraram na conferência.

"Deixa eu ligar".

Pego o telefone e chamo o Billy.

— Alô – ele responde.

— Billy, cadê vocês?

— Estamos entrando, Alexandre. Estamos preparando as gravações das ligações que você pediu.

— Ok, estou esperando. Obrigado.

As meninas já passaram pelo treinamento de Venda Consultiva, chegou a hora de ouvir as gravações, para ver se elas aprenderam ou se ainda precisam de ajustes, o que é natural. Estamos no processo justamente para dar apoio e ensinar.

Nesse ponto, o Billy já compreendeu que seu sucesso virá do acompanhamento das vendas. Acompanhar o DRE (Demonstrativo de Resultados) é importante, mas não é nisso que trabalhamos. Somos contratados para ajudar nossos clientes a venderem mais de olho na lucratividade, mas nos mantemos muito firmes em nossa missão e propósito. Se quiser falar de formação de preço ou fluxo de caixa, melhor chamar meu amigo Marcio Iavelberg, da Blue Numbers. Queremos falar sobre a administração de receitas.

O franqueado tem que acompanhar o tamanho do pipeline em cada etapa. Medir o volume de ligações e a taxa de conversão, que é a quantidade de ligações necessárias por matrícula efetivada em cada etapa. Tem a conversão de *leads* em *prospects*, que mede a qualidade da ação de captação, a conversão de contatos em visitas, das visitas em boletos e, finalmente, de boletos em pagamentos. Cada uma tem seu processo e suas particularidades. E ainda tem a taxa de retenção, que é o percentual de alunos que ficam, frente aos que abandonam o curso antes do fim. Para haver crescimento, precisamos que os dois indicadores estejam bons.

Antes de todo esse processo, o Billy não olhava esses números, mas deixava para a gerente acompanhar e torcia para que a equipe fizesse. Ele não sabia da tremenda influência que ele tem nesse processo.

"Opa".

Eles entram na videoconferência.

— Olá, olá, olá, tudo bem?

Os sorrisos nessas faces estão diferentes. Já bem mais leves.

Nos cumprimentamos e vamos ao ponto.

— Podemos ouvir as ligações?

— Claro.

Há um tom de confiança na resposta.

— Billy e Paula, vocês sabem que com essas gravações vocês têm como avaliar a qualidade das ligações. É isso que vai impactar na taxa de conversão. Quanto mais Venda Consultiva, melhor a conversão.

— Sim, sim, Alexandre, estou acompanhando agora diariamente.

— Perfeito, Billy.

— E se a *performance* estiver baixa, podemos fazer um novo treinamento, mas temos que acompanhar, para perceber essa necessidade. Levo muito a sério uma afirmação que está no livro *Solution Selling*. "People do what you INSPECT not what you EXPECT" (As pessoas fazem aquilo que você inspeciona e não o que você espera). Quando você parar de cobrar, as pessoas vão parar de fazer. E isso por um motivo simples. O cérebro quer economizar energia. Se eu paro de cobrar, parece que não é mais prioridade, logo, vamos fazer do jeito mais fácil.

— Paula: se eu faço 20 ligações, eu consigo agendar dez, das dez que eu agendei, eu sei que cinco virão e, dessas, vamos converter duas ou três matrículas. É assim que trazemos previsibilidade para o nosso *pipeline*.

— Sim, Alê, percebemos agora esses números com facilidade. Ficou bem mais fácil acompanhar o andamento dos números e a distância até a meta.

— Exatamente, Paula. É importante ter esses números em mente. Então, para eu conseguir fazer duas ou três matrículas por dia, eu preciso ligar para 20 pessoas. Se eu precisar de seis matrículas, temos que ligar para 40 pessoas.

Eu me sinto satisfeito. Sorrio e junto as mãos.

— Só tenho a agradecer a vocês, estamos fazendo um progresso incrível.

Eles sorriem também.

— Billy, coloque a primeira gravação para a gente ouvir. Nesse momento em que ouvimos as gravações em grupo, pergunto ao time o que eles poderiam ter feito melhor. E juntos vamos reforçando a linha de argumentação. A melhor coisa do mundo é quando "cai a ficha" e as vendedoras percebem sozinhas o que precisam fazer. E assim seguimos ouvindo e corrigindo as gravações, uma a uma.

A reunião segue tranquila, as meninas realmente aprenderam uma nova forma de abordar os clientes.

"Sucesso!"

Valeu todo o treinamento.

Reforço alguns pontos e seguimos para a nossa última etapa. Desde o início do trabalho já fizemos oito reuniões. Foi uma jornada evolutiva maravilhosa. Falta quase um mês para o fim deste ciclo. Os três primeiros *checkpoints* tiveram suas metas atingidas. A equipe está confiante.

— Gente, temos um carnaval aí à nossa frente, mas não vamos nos perder por causa disso.

— Não, imagina, Alexandre – o Billy comenta.

— Ok, nos falamos em duas semanas então, com a meta quase atingida, hein, meninas?

Elas riem.

— Eu só tenho uma coisa a dizer para vocês, obrigado, obrigado, obrigado!

Faço reverência com o meu corpo e eles me imitam.

— Billy, acompanhando o processo, hein, meu amigo? Nada de carnaval, até atingir a meta.

Todos riem!

Desligo a sala e vou para o meu café.

"Que ninguém se perca no carnaval, pelo amor de Deus".

⑥ BILLY - PARTE 6: CONTAGEM REGRESSIVA: 8 DIAS

OITAVO DIA ANTES DA META

Depois do estrago do carnaval e da história da maratona, eu deixei bem claro para o Billy e suas meninas que o acompanhamento dos últimos 12 quilômetros seriam feitos diariamente.

Não deu nem 24 horas que tomei o susto de ontem. O Billy com cara de derrota total.

"Ninguém vai perder aqui, Alexandre!"

— Cadê o pó de café? Vamos fervendo a água...

Ainda tem três minutos para o início da reunião. A primeira, numa sequência de oito, que serão feitas todos os dias!

"Ninguém desiste assim, nos últimos quilômetros. Não pode".

Água fervendo, coloco no coador e hum... perceba o aroma disso, meu Deus.

Fecho os olhos e observo a água descendo lentamente junto com o café.

Nessa fase que estamos, momentos finais, não há a menor chance de a gente desistir.

Encho a minha xícara e fecho os olhos para sentir o aroma novamente.

— Agora, sim, estou pronto!

Eu me sento na minha cadeira e acesso a sala de videoconferência.

"Ninguém entrou ainda. Ok. Vou tomando o meu café".

O Billy aparece na tela. Eu não me demoro e deixo totalmente as formalidades de lado, o embrulho no estômago me basta.

— Billy, conte-me, quantas matrículas vocês fizeram hoje?

O Billy olha sério e não responde.

— Fala, Billy!

Silêncio total, ele não se mexe e não faz um ruído sequer.

— Billy, estou ficando assustado.

Ele finalmente se move e sorri de orelha a orelha, falando bem alto.

— Cinco matrículas, Alexandre! Cinco!

"Ufa"...

Meu coração parou com esse suspense.

— Parabéns, Billy! Sensacional!

— Isso nunca tinha acontecido antes, Alexandre!

— Esse é o resultado do seu trabalho, Billy. A contratação do estagiário, a reestruturação da equipe, das tarefas e o gerenciamento de tempo. A mudança de comportamento, a sua participação, chegou a hora dos quilômetros finais!

— Obrigado, Alexandre! Todos os quilômetros anteriores valeram a pena, cada um deles, cada metro, cada passo.
— É isso aí, Billy!
— Obrigado, Alexandre, me sinto renovado.
— Foco para acompanhar a Paula e as meninas.
— Sim, estou fazendo isso todos os dias.
— Amanhã, mesmo horário, aqui! Não vai fugir, nem parar para ir ao banheiro.
Billy ri.
Desligo a videoconferência e volto para o meu café.
"Graças a Deus!"

TERCEIRO DIA ANTES DA META

Faço meu café com a tranquilidade de quem está assistindo ao seu time de futebol ganhando no segundo tempo, nos minutos finais.
— Ah...
Fecho os olhos e sinto o aroma, antes de me sentar e ligar a videoconferência.
"Vamos lá".
Eu já me acostumei com a cara do Billy todas as manhãs, e embora eu preferisse o rosto da minha esposa, acompanhar diariamente a vitória da faculdade, do Billy, da Paula e das

meninas se tornou uma enorme satisfação para mim. É o resultado de um projeto que está em constante evolução. Essa empresa é como um filho para mim, que atualmente tem 12 anos e está se aperfeiçoando a cada dia, junto com cada cliente e projeto.

O começo é cambaleante e inseguro, na segunda fase há falta de humildade, uma crença de que havia domínio, até o momento de maturidade, quando sabemos que há muito o que melhorar sempre. Mas a nossa régua, o nosso norte, é sempre o mesmo: o aumento de vendas dos nossos clientes. Porque todo o resto existe para isso. Para aumentar vendas. É o único jeito de honrar nosso *slogan*: "Proselling - Nossos Clientes Vendem Mais".

"Olha lá, o Billy entrou!"

— Bom dia, Billy.

— Bom dia, Alê!

"Não demora muito e todos os clientes chegam ao 'Alê', já é um termômetro para mim, de como os meus clientes se sentem. Quando isso acontece é porque já existe alguma cumplicidade, é porque já confiam".

— Fale, Billy, quantas matrículas ontem? Não adianta fazer suspense, agora você não me pega mais.

Ele ri.

— Quatro, Alexandre!

— Ótimo!

— Alguma novidade ou algo novo que eu deva saber?

— Não, tudo indo bem.

— Ótimo, Billy. Continue acompanhando. Amanhã nos falamos no mesmo horário, com o mesmo número de matrículas.

— Ou mais – Billy acrescenta.

Eu bato palmas.

— É isso aí, Billy, gostei de ver. Confiança.

"Transformar a mentalidade de vendas de alguém é algo incrível!"

Eu e Billy nos despedimos, e eu desligo a sala.

"É óbvio que vou para o meu café! Essa contagem regressiva me deixa agitado, eu preciso me acalmar".

Eu sorrio sozinho e continuo o meu papo comigo mesmo.

SEGUNDO DIA ANTES DA META

Café!

Eu ando de um lado para o outro na minha sala, já com a sala de videoconferência ligada.

"Eu sei que vai dar tudo certo, mas a emoção de ver um cliente ganhando não muda. Eu me sinto como o técnico que fica no banco vendo o time jogar e sofre até o último segundo, para sair pulando e correndo para o abraço coletivo".

O Billy aparece na tela.

— Bom dia, Alê! Tudo bem?

— Fala, Billy, meu querido, conte as boas novas!

Ele fecha o semblante um pouco, mas sem suspense, continua.

— Alê, das três unidades, estamos assim: duas já estão praticamente com metas alcançadas, mas uma ainda não.

— Como assim, Billy, explique direito.

— Então, Alexandre. Nas duas unidades que estão indo bem, só faltam duas matrículas para cada uma, mas a outra está bem atrasada. O que a gente faz?

Eu penso um instante e sugiro.

— Billy, podemos fazer assim: vamos acelerar as matrículas que faltam nas duas unidades que estão quase zeradas e juntamos todo mundo para fechar a unidade que falta, o que você acha?

— Eu acho bom, ótimo.

Billy suspira, altivo, motivado.

— Alê, eu tive mais uma ideia.

— O que, Billy?

— Faltam só dois dias, o que você acha de a gente criar mais um plano de incentivo?

— Não, Billy, você não tem que criar plano nenhum neste momento. Elas já têm planos de incentivos o suficiente.

— Mas o que eu posso fazer então, Alexandre?

— É hora de o general sair do quartel, descer ao campo de guerra e ajudar a vencer a última batalha.

Billy sorri abertamente e continua me ouvindo.

— Vá ajudar a vencer o combate, Billy!

— Você tem razão, Alexandre. Eu vou descer agora mesmo, rumo à sala de vendas, e me sentar com elas.

— Precisa mais do que isso. Mostrar que está integrado. Que acredita e, acima de tudo, que sabe fazer. É hora de liderar pelo exemplo. Então, me diga, o que você acha que o momento exige?

— Estou indo agora, Alexandre! Vou desligar tudo aqui e vou fazer as matrículas com todas elas.

— Aguardo vocês todos amanhã! Sucesso, comandante!

Ele desliga com um sorriso de canto, mas sério.

"É... muito bom ver essa responsabilidade e participação. Sensacional. Agora eu consigo tomar café. Cadê?"

O DIA DA META

Eu já estou com o café pronto, ansioso pela reunião com o Billy e com suas meninas. É como conferir o último número do bilhete da loteria e saber que só falta um para acertar tudo.

Nem o café eu estou conseguindo beber direito hoje, tamanho o frio na barriga.

"Calma, Alexandre, você fez tudo o que podia, é hora de confiar e agir com frieza!"

— Ok, pegue sua xícara, sente-se, ok, ligue a sala – eu falo comigo mesmo, em voz alta.

"Quem sabe assim eu me obedeço?"

O Billy aparece na tela com a Paula e as meninas.

— Graças a Deus, gente... eu confesso que estou em postura de oração aqui.

Todos riem de mim e o Billy abaixa a cabeça.

— Billy, nem pense em fazer suspense hoje, pelo amor de Deus.

As meninas começam a rir novamente, olhando para o Billy.

Ele grita fervorosamente e se levanta, esticando o braço direito para cima, como tivesse ganhado uma Olimpíada.

— Batemos a meta!

O Billy começa a pular e todas as meninas se levantam e começam a pular junto com ele.

Eu tenho o privilégio de ver aquela equipe inteira se abraçando, gritando em comemoração a reviravolta fantástica que fizeram nos últimos oito dias.

Sinto as lágrimas se formarem em meus olhos. E eu entro na comemoração.

— Parabéns, Billy! Parabéns, Paula! Parabéns, Desirée! Parabéns, Jaque! Parabéns, Andressa!

Todos continuam ainda dando alguns gritos e logo se sentam, as meninas secam os olhos com as mãos.

Eu respiro fundo e olho cada um deles com uma emoção, que mal cabe em mim.

— Gente, parabéns! O que mais eu posso dizer para vocês?

Eles sorriem e me olham com atenção.

— Sinto orgulho de vocês.

— Obrigado, Alexandre!

— A emoção dessa equipe é linda. Vocês merecem essa comemoração.

— Eu percebo que a gente ficou mais forte, sabe, Alexandre? – o Billy acrescenta.

— Nós ficamos mais amigos também – a Paula afirma.

— Ficou tudo melhor, muito melhor – a Jaque fala.

— E eu me sinto muito grato de ouvir tudo isso e de ter assistido essa cena linda de vocês. Eu nunca vou esquecer o que eu vi hoje aqui.

— Foram muitas mudanças, Alexandre – o Billy fala e suspira logo em seguida.

— De várias formas – a Paula comenta.

— Esta é a nossa missão pessoal, a gente promete e luta por aumentos significativos de vendas. Passamos pela reestruturação da equipe, das tarefas administrativas, de gerenciamento de tempo, estratégia de vendas, de ligação, de abordagem, a maneira que vocês se comportam com vocês mesmos e uns com os outros.

— Dá para perceber, Alê, tudo mudou – o Billy menciona.

— Para mudar um resultado, Billy, é preciso ter uma equipe unida, bem estruturada, que se gosta, que se respeita, que se conhece.

— É, deu para perceber isso tudo, Alê – a Paula responde.

— O mérito é todo de vocês! Executaram tudo que foi solicitado, não reclamaram e acreditaram em nosso trabalho, e fizeram a sua parte, estou morrendo de orgulho!

— Você nos passou um conhecimento que foi além das técnicas de venda, Alexandre, mas de vida, de amizade, de respeito, de olhar para as minhas funcionárias de uma forma muito mais humana. E, como resultado, elas evoluíram muito. Não que eu não tivesse tentado ou não quisesse fazer, mas faltava alguém de fora mesmo, que me ajudasse a fazer isso de maneira mais apropriada.

As meninas enchem-se de lágrimas e disfarçam, passando os dedos abaixo e no canto dos olhos.

— Você merece esse resultado, Billy. Quem se abre para uma mudança e trabalha duro nela merece a colheita.

Billy também fica com os olhos lacrimejantes. Eu faço de conta o tempo todo que não estou vendo. Eu mesmo me sinto assim e sei que meus olhos se manifestaram também.

Eu continuo.

— Você está feliz, comandante?

Billy ri.

— Eu quero fazer uma única pergunta a todos, mas nem precisam responder. Eu só quero que vocês ouçam a minha pergunta e sintam a resposta dentro de vocês. Eu não preciso da resposta.

Ficam em silêncio, olhando para mim.

Eu respiro fundo e olho nos olhos de cada um deles, antes de proferir a minha pergunta.

— O quão mais próximo vocês se sentem agora dos seus sonhos?

— Nossa – o Billy solta essa, como se a palavra não tivesse mais fim.

— Uau – a Paula solta.

— Verdade... – diz a Andressa.

Jaque fica de boca aberta e move os lábios, dizendo alguma coisa inaudível, falando com seus próprios pensamentos.

Eu apenas observo a movimentação, sinto o momento, vejo a certeza dessas cinco pessoas fantásticas de que agora elas estão mais próximas dos seus sonhos. Não só por uma questão financeira, mas pela confiança que adquiriram nelas mesmas durante o processo, e no quanto isso influencia em todos os âmbitos de suas vidas.

O Billy está visivelmente emocionado.

— Continue imaginando sua casa reformada, Billy.

Ele balança a cabeça para cima e para baixo, com as mãos nos joelhos.

— E você, Desirée, continue fazendo seu roteiro de viagem pela *Internet*. Dê força a seus sonhos. Acredite neles!

Ela sorri e dá um gritinho de emoção.

— Andressa, escolha a cor do banco do seu HB20 vermelho, o enfeite que você vai pendurar no espelho retrovisor, imagine as letras e os números da placa que você quer ter no seu carro.

Ela ri.

— E você, Jaque, pense no bairro onde vai comprar sua casa, na cor que vai pintar as paredes, nos móveis que vai comprar para todos os cômodos.

Ela suspira e sorri.

— Paula.

Ela me olha e sorri abertamente.

— Continue imaginando a sua chácara com piscina, as cores e as raças dos cavalos que quer comprar.

— Eu penso nisso todos os dias, Alexandre.

— Vocês percebem, gente, o quanto os nossos sonhos nos movem?

Todos dizem sim, com a cabeça, com os olhos, com o sorriso e com a voz.

— A gente tem que aprender a se alimentar dos próprios sonhos. Assim é a vida. Ela não ocorre da noite para o dia, mas acontece todos os dias, um pouquinho a cada dia.

Todos continuam me olhando e em silêncio.

— Tem dias bons e tem dias ruins. E, tanto para os dias bons quanto para os dias ruins, a gente se alimenta dos sonhos, é lá que a gente vai buscar a energia que precisa, seja para uma única venda por telefone, seja para um problema pessoal grave ou ainda para um motivo de celebração. Celebração pela vida, pelo simples fato de estar vivo.

Silêncio total.

— Vocês terminaram a maratona, não vomitaram e nem caíram, como eu quase caí.

Risos.

— Vocês correram os últimos quilômetros com louvor, em equipe. Os últimos metros de forma digna, unidos!

Sorrisos.

— Mas eu tenho que falar uma coisa para vocês.

Respiro fundo e fecho meu semblante. Suspense com uma pausa de silêncio.

— O que, Alexandre, pelo amor de Deus? – a Paula pergunta.

Eu solto uma risada e concluo.

— A vida não tem uma maratona só. E quanto mais maratonas você corre, melhor você fica.

Risos.

— Vejo vocês na próxima maratona. Obrigado!

Este livro foi composto nas tipologias Adobe Garamond
Pro e Anton. Impresso pela gráfica Impressul.